TURING
图灵教育

站在巨人的肩上
Standing on the Shoulders of Giants

TURING 图灵经典

番茄工作法 图解

简单易行的时间管理方法

[瑞典] 史蒂夫·诺特伯格 著　　大胖 译
（Staffan Nöteberg）

50万册
纪·念·版

Pomodoro Technique Illustrated

The Easy Way to Do More in Less Time

人民邮电出版社
北京

图书在版编目（CIP）数据

番茄工作法图解：简单易行的时间管理方法：50万册纪念版 /（瑞典）史蒂夫·诺特伯格著；大胖译. -- 北京：人民邮电出版社，2023.4
　（图灵经典）
　ISBN 978-7-115-61237-3

　Ⅰ．①番… Ⅱ．①史… ②大… Ⅲ．①时间－管理方法 Ⅳ．①C935

中国国家版本馆CIP数据核字(2023)第034945号

内 容 提 要

　　本书介绍了时下最流行的时间管理方法之一——番茄工作法。作者根据亲身运用番茄工作法的经历，以生动的语言、传神的图画，将番茄工作法的具体理论和实践呈现在读者面前。番茄工作法简约而不简单，本书亦然。在番茄工作法一个个短短的 25 分钟内，你收获的不仅仅是效率，还有意想不到的成就感。

　　本书适合所有想提高工作效率的人。

◆ 著　　　　[瑞典] 史蒂夫·诺特伯格（Staffan Nöteberg）
　　译　　　　大　胖
　　责任编辑　李　佳
　　责任印制　胡　南

◆ 人民邮电出版社出版发行　　北京市丰台区成寿寺路11号
　　邮编　100164　　电子邮件　315@ptpress.com.cn
　　网址　https://www.ptpress.com.cn

　　北京九州迅驰传媒文化有限公司印刷

◆ 开本：880×1230　1/32
　　印张：8.875　　　　　　　　2023 年 4 月第 1 版
　　字数：236千字　　　　　　　2025 年 11 月北京第 16 次印刷
　　著作权合同登记号　图字：01-2010-7695号

定价：59.80元
读者服务热线：(010)81055730　印装质量热线：(010)81055316
反盗版热线：(010)81055315

版权声明

流程示意图

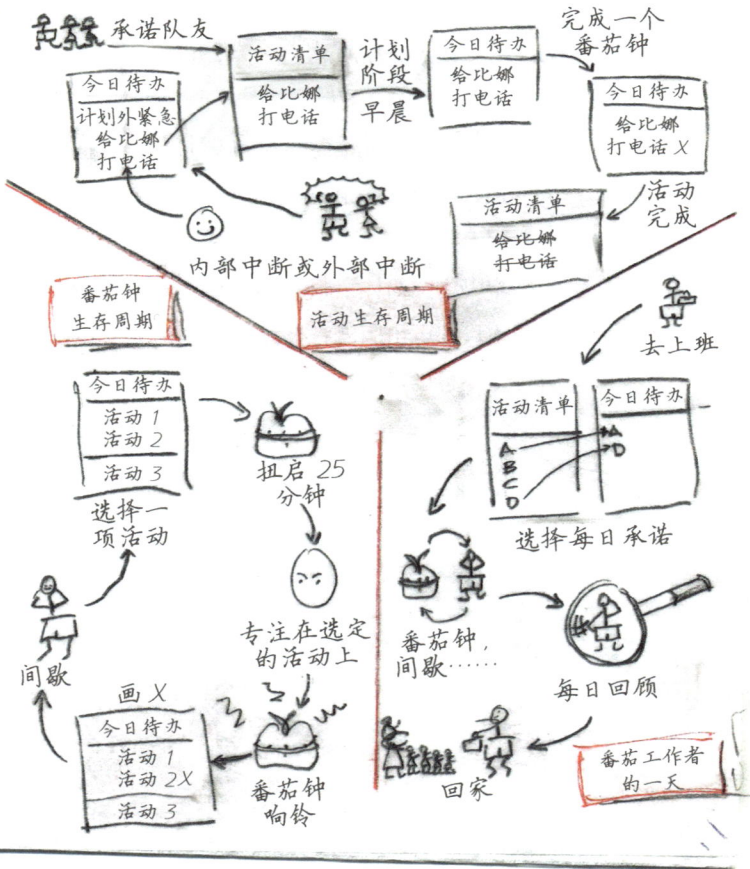

承诺队友

活动清单
给比娜打电话

计划阶段 早晨

今日待办
给比娜打电话

完成一个番茄钟

今日待办
计划外紧急 给比娜打电话

今日待办
给比娜打电话 X

内部中断或外部中断

活动清单
给比娜打电话

活动完成

番茄钟生存周期

活动生存周期

去上班

今日待办
活动 1
活动 2
活动 3

选择一项活动

扭启 25 分钟

活动清单	今日待办
A B C D	

选择每日承诺

专注在选定的活动上

番茄钟，间歇……

每日回顾

间歇

画 X

今日待办
活动 1
活动 2X
活动 3

番茄钟响铃

回家

番茄工作者的一天

赞誉

弗朗西斯科·西里洛番茄工作法的理论和实践，经由史蒂夫妙笔生花，以美妙的图画形式呈现在我们眼前。这本书有趣而实用！

——罗恩·杰弗里斯，极限编程创始人之一

在提高生产力方面，番茄工作法惊人地简单和强大，本书是理想的番茄工作法入门书。

——大卫·克莱因，*Grails: A Quick-Start Guide* 作者

感谢史蒂夫写了这本漂亮而有深度的书，我要把它作为圣诞礼物送给朋友们。

——波蒂亚·东，Emergn 公司敏捷开发培训师、
首席战略官

作为单项行动计划的方法，番茄工作法非常符合项目管理中敏捷方法的思路。这本书能帮助你从入门到精通。史蒂夫诙谐生动、旁征博引、由浅入深的介绍，使得番茄工作法逐步为你所用，帮你做出更准确的预估，并完成更多的工作。

——约翰娜·罗斯曼，《项目管理修炼之道》作者

对我们这些"事情太多，时间太少"的人来说，这是一本读起来轻松、能改变生活的书。自从史蒂夫为我介绍番茄工作法之后，我的专业工作和个人生活都大有起色。真是相见恨晚的一本书！

——托马斯·尼尔森，Responsive 开发技术公司
首席技术官、敏捷导师

序言

　　谁不想活得轻松？谁不想妙计百出？谁不想与时俱进？谁不想享受假期？但要怎么实现呢？频繁的中断、重复的活动、迫近的期限，常常使我们力不从心。而这些压力又是最害人的：它们带来更多的压力、更多的被迫行为、更多的难以为继，同时妨碍了我们自觉、专注、清醒地思考。结果是心智游走在过去与未来之间，只为找某个人、某件事来顶罪，掩盖我们虚构中的无能。

　　我所发明的"番茄工作法"，意在让人们驻足、观察、醒悟，并在此过程中改进自我。时间不再是绷紧的弦，反而变成同盟战友，帮我们将 100% 的心智专注在当下，避免不必要的压力和负担。使用番茄工作法，你将学会微笑着达成目标，做强者而无须逞强用力。

　　本书作者史蒂夫是番茄工作法的认真实践者。而我多年来致力于协助个人和团队应用番茄工作法，改进运作流程、优化时间安排。在我看来，史蒂夫这本书体现了他的聪明才智和天马行空。令我印象深刻的是，他将工作法的概念成功地进行了视觉再现，读者可以徜徉其中，并从他的专业知识中获益。本书内容丰富，易于使用，充满启发，行之有效，不愧是一座宝山！祝大家探宝愉快！

叮铃！

弗朗西斯科·西里洛（Francesco Cirillo）

意大利罗马 XPLabs SRL 公司首席执行官

番茄工作法发明人

致中国读者

在 2015 年，我曾以本书作者的身份到访中国。在一个月的时间里，我每天到不同的城市讲学，课后有几百位读者拿着书找我签名。我问他们这本书为何在中国热卖，几乎所有人回答："因为我们想知道在有很多事情要做的时候，怎么把每件事都做好。"

本书讲的就是如何专注于专注。我们可以明确选择一个待办事项，坚持做到闹钟响铃。这是一种投注。我们仿佛押宝一样，为这件事投入 25 分钟的时间。25 分钟不会让你倾家荡产。在多数情况下，25 分钟的投资会让你获得盈利，但有时候，我们选择处理的事情不对，那也只是损失了 25 分钟而已。这个赌注没有风险。

没有风险的赌注给了我们行动的能力。就算一开始并不知道 25 分钟后的结局，我们仍然可以开始做这件事。这种"可行动"的精神力量可以打败拖延症。拖延搞得我们什么也完不成，无论是重要的事还是不重要的事。所谓拖延，就是在"决定做这件事"的同时"拒绝做这件事"。对付它的方法就是，专注于专注本身。

今天我要庆祝有 50 万读者购买了《番茄工作法图解》平装版。在我的家乡——斯德哥尔摩市城区，这个数字代表在公交车、办公室、商场里每 5 个人就有一本书。当然中国有超过 14 亿人口，50 万约为总人口数的三千分之一，这本书距离达到"国民级"还有很长的路要走。但我的读者们发现，番茄工作法既好用又易用，可以每天帮他们完成要做的事。这就是《番茄工作法图解》如此畅销的原因。

如果《番茄工作法图解》让你获益，那么拙作《单核工作法图解》也可能对你有帮助。在后一本书里，我将方法推而广之。如何建立有利于专注的工作环境？如何缩减无穷无尽的待办清单？如何更好地与他人合作？如何专注于要事而非急事？我们可以在很多地方改进，以更好地掌控工作，这些可以改进的地方都很简单，而且符合直觉。《单核工作法图解》是《番茄工作法图解》的好搭档，搭配使用，效果更佳。

回到开始的问题：在有很多事情要做的时候，怎么把每件事都做好呢？这是一个切实存在的问题，但很难回答。从另一个角度来说，这个问题可能是问此时此刻，我的时间最好用来做什么。那么，我们可以选择一项任务，扭启番茄钟，投注 25 分钟进去。

无论结果如何，我们都能用 25 分钟的时间放心去做我们认为最重要的事情。这让我们成为行动派，成为专注者。

致敬

史蒂夫

目录

第 2 章   背景   023

本章让我们走近科学，了解一些关于你、你的大脑及其工作原理的研究成果。每一节都是独立的故事，不用太在意这些信息你是否用得上。

第3章 方法 075

本章将带你了解阶段、工具以及番茄工作法的常见问题。到本章结束，你应该已经完成了一个全天练习，包括创建"活动清单"表格和"今日待办"表格。

第 4 章　中断　127

在番茄钟时间内不应该切换活动，也不应该停止当前活动，但是无法控制的中断怎么办？接到一个电话，想起一些急事必须得做，或者要去洗手间怎么办？番茄工作法也不能将我们高高挂起，免去所有这些中断和干扰。但在本章中，你将学习如何以合理、有效的方式处理它们。

第5章　预估　167

预估和测量在番茄工作法中必不可少。如果没有它们，每天要做计划是很困难的。番茄工作法要求花时间做回顾，这样才能不断改进，继往开来。设法将你"认为自己能做的"与"实际做到的"相对应。跟踪和记录是番茄工作法中的测量方法。在本章中，我们谈谈如何做预估。

第 6 章　应变　191

当你了解应用番茄工作法的常规方法之后，可能会有调整它的想法。这就是收集跟踪数据、做每日回顾的目的。但是，请尝试坚持使用常规方法，至少两周内不要做任何改动。你需要亲身经历，以便确切知道哪里适合你、哪里不适合。这一章，我来分享一下自己灵活应变的调整。

第 7 章　团队　225

本书读到这里，我们一直把番茄工作法视为一种针对个人的时间管理方法。但它具有应变能力，用途也不限于孤立的个人。在这一章中，你会看到番茄工作法也适用于协作环境，如双人组合、会议和多人团队。

第 1 章

一次只做一件事

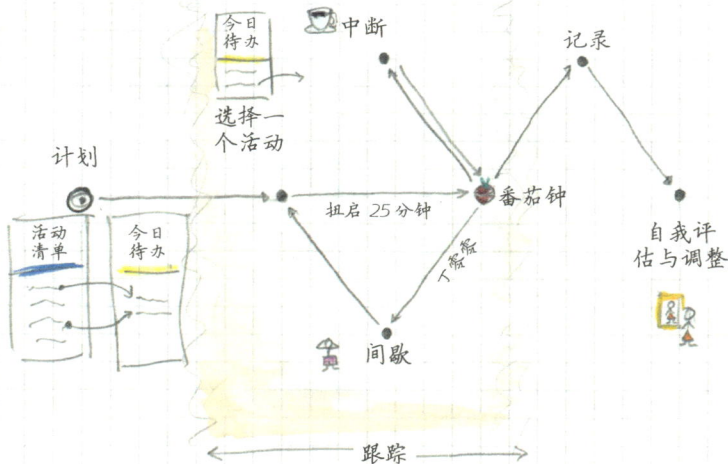

一次只做一件事。无论是这句座右铭，还是番茄工作法，都是对所谓"日理万机"的坚决驳斥——要为自己设定界限。那么，如何让自己只做最重要的事呢？

黄瓜和洋蓟在酒吧相遇

黄瓜：今天忙不忙?

洋蓟：别提了。一事无成。

黄瓜：怎么了? 没给你派活儿吗?

洋蓟：有啊! 我应该完成和交付新的打印功能。本打算今天做完的。

黄瓜：那你做了吗?

洋蓟：没，他们一直让我做这做那的。

黄瓜：别的事儿重要……还是那个打印功能重要?

洋蓟：我不知道啊。怎么比?

黄瓜：那无论是打印功能，还是其他重要的事儿，你都没完成?

洋蓟：一天哪能做这么多?

黄瓜：不是让你做这么多，我是问，有没有完成的呢? 一件就行。

洋蓟：没有，一件事都没完成。

黄瓜：建议你试试番茄工作法。在 25 分钟内专心做某一件事，然后短暂间歇，再将其他事与你正在做的比对一下。看哪个更重要，然后拣最重要的做。

洋蓟：没别的办法，我先试试!

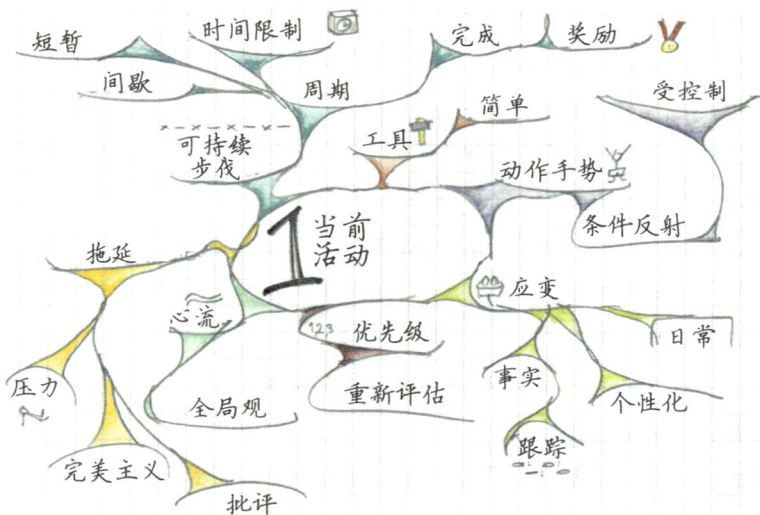

短暂　间歇　时间限制　周期　可持续步伐　完成　奖励　受控制　简单　工具　动作手势　条件反射　当前活动　拖延　心流　应变　日常　优先级　事实　个性化　全局观　重新评估　压力　完美主义　批评　跟踪

开始之前

要想做到专注，你就得坚决抛开各种杂念。

这本书以我采用番茄工作法的切身经历，向你传授这一工作法的实施全过程，你能看到它如何提高了我的工作效率。另外书中还加入了一些有关人脑思维的研究成果，以揭示番茄工作法的原理；还包括采用该工作法的若干影响及如何根据需要对该工作法进行调节和扩充。

开头第一章讲了几个小故事，并且让你有机会尝试一下。我要求动手做练习，越早开始，越容易理解整本书的内容。本章最后，我会把自己存在的一些问题列出来，这些问题曾让我下决心好好把控时间和精力，你可能会在这些问题中看到自己。我的故事，从坐公共汽车开始。

乘车时间

我住在斯德哥尔摩郊区。作为一名顾问，我通常要到客户的大办公室工作。大办公室位于市中心，而离我家 100 米就有一个公共汽车站。每天早晨的情景都完全一样：我去车站等车，车来了，我上车，坐在习惯的座位上。到市中心的车程大约需要 25 分钟，我总是利用这段时间读些和工作有关的实用书籍。

在这 25 分钟里，想要像在家看书时那样，喝喝咖啡、看看电视、上上网，或者处理一两件突然想起的重要事情，都是不可能的。而且，一起乘车的人我大多不认识，偶尔我会对一张熟悉的面孔说"你好"，但仅此而已，基本上没什么干扰。

我在公共汽车上读书的时间相对固定，活动单一，目标单一，成果却很惊人。早晨坐公共汽车学到的东西比其他时间都多。我在书本上倾注百分百的注意力，我知道到站的时候公共汽车司机会喊我。

我不能为了达到这样的学习效率而整天泡在公共汽车上，你也不能。幸运的是，还有更好的方法。番茄工作法，就用来帮你把每一天分成小段，和乘车时间差不多。你只要为自己的"小公共汽车"确定目的地，并设好闹钟，然后专注在工作上即可。

番茄计时器

　　弗朗西斯科·西里洛在 1992 年创立了番茄工作法，但若从头说起，则要追溯到 20 世纪 80 年代末，他大学生活的头几年。他一度苦于效率低下，作业做不出来，学习学不进去。山穷水尽处，柳暗花明时——多亏一个红色、定时响铃的圆形物件。"于是我和自己打赌，下猛药，狠狠鄙视自己说：'我能学习一会儿吗？——真正学上 10 分钟？'我得找个计时教练，谁来替我掐表呢？后来我找到了，是一枚厨房定时器，形状好像'番茄'（即意大利语的 Pomodoro）。就这样，我邂逅了我的番茄钟。"[1]

　　番茄工作法能帮你与时间化敌为友，使你不再因为还有一小时、一天、一周、一个月的时限而充满焦虑，你要做的就是定好 25 分钟番茄钟，然后全然专注于手头的任务。如果番茄钟响铃，25 分钟结束，而任务还没完成，这也并不代表失败。相反，这铃声是在为你已连续地工作了一整段时间而喝彩。

　　什么是番茄工作法？简单说，就是列出你当天要做的事，设置 25 分钟闹钟，然后从第一件事开始做。此外还要有每日回顾、做每日承诺、控制中断、预估要花的工夫等。这本书中我会以自己为例，向你展示如何使用番茄工作法，包括如何记录活动，以及如何挑出最重要的任务。

---

[1] *The Pomodoro Technique*《番茄工作法》），[Cir]。

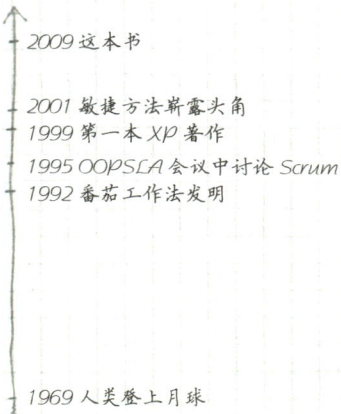

2009 这本书

2001 敏捷方法崭露头角
1999 第一本 XP 著作
1995 OOPSLA 会议中讨论 Scrum
1992 番茄工作法发明

1969 人类登上月球

自己动手：为活动限定时间段

千里之行始于足下，现在开始吧。试试完成特定时间段内的活动。拿出纸笔，列出一些待办的活动——要不是忙里偷闲翻开这本书，你现在可能正在做什么？你可能在填写小孩学校要用的表格，可能在上网查某些资料，可能在写一封重要邮件，或者做其他一些事务型工作。

看看你写下的这些任务里，哪一项是最重要的，哪一项是你最想尽快完成的，把书签放到这一页上，合上书，按照下列步骤去做这件事：

(1) 扭启你的厨房定时器，将闹铃定在 10 分钟；

(2) 全神贯注去做这一项特定的任务；

(3) 到闹钟响铃，立刻停下，别管任务完没完成；

(4) 间歇 3 分钟，然后翻开书，继续往下读。

怎么样？刚才那 10 分钟里，你能排除杂念不胡思乱想吗？是不是经常看表？

通常在番茄工作法中，将闹铃定在 25 分钟，以此为一个"时间盒"。如果你愿意可以试试，照此方法读完整本书：在一段一段的 25 分钟周期内读书——当然要拿厨房定时器来掐时间——并且在每两个阅读周期之间，花 3 分钟休息放松。

自己动手

我的太爷爷马克斯

我的太爷爷马克斯在 20 世纪初到柏林闯荡，开了一家公司生产服装，生意做得很大。太爷爷的成功得益于他的处世原则。他的座右铭是："一双脚不能同时跳两场舞。"换句话说，一次只做一件事。

无论是这句座右铭，还是番茄工作法，都是对所谓"日理万机"的坚决驳斥——要为自己设定界限。那么，如何让自己只做最重要的事呢？对此，我的方法是，先分析真正的问题所在，即"我想达成什么结果"，然后专注于能带来该结果的活动。开工前，我要先扭启番茄钟，稍后番茄钟会响铃，提醒我停下来，重新考虑刚才所专注的活动是否仍然是重中之重。

时至今日，"注意力管理"大行其道，太爷爷马克斯跻身先驱也是当之无愧的吧！

你只有一双脚

不能同时跳两场舞

为何要用番茄工作法

现在给你讲讲我是怎么用上番茄工作法的，看你能否照方抓药。先前的状态是，时间在我这儿一下子就没了，嘭！一天下来，原本打算做完的事，大部分还是老样子。认真地自我反省后，我找出一些问题的脉络。估计你对其中一两个问题并不陌生。以下就列出这些导致人们无法完成工作的问题。本书后面还会具体讲到如何借助番茄工作法的正确应用来解决它们。

面对复杂，望而却步。那些复杂的、在一个 25 分钟内完不成的任务，往往会造成拖延。拖延总能让我们苟且偷安，但难题并没有消失。别考虑任务有多复杂，重要的是开始、再开始。扭启番茄钟，半小时内你会有所斩获，并获得间歇作为奖赏。

无聊琐事，越拖越久。尚未完成的工作不会给你带来任何好处。当然了，扫尾的活儿通常都无趣得很。不要总想着要完成整件事你还得费多少工夫，而是想想要完成这一个番茄钟其实也没多久。先完成它，你就会得到回报。

小事忙活一天，大事一样没办。番茄工作法要求我们在每天早晨做计划，为自己当天分派为数不多的活动。然后在每个番茄钟之前，重新评估活动的优先级，最重要的一项待办活动会跃然纸上。确保你一直在做最重要的事，而不是别的事情。

最后期限，步步紧逼。加班到很晚，周末不休息，长此以往，不会有任何效率。就算被迫加了班，别别扭扭的，也拿不出好成果来。番茄工作法以 25 分钟的短期迭代为节奏，帮你建立可持续发展的步伐，间歇时安心休息，工作时一心一意。

从休息回到工作，心智调整不过来。每天上午刚上班，或者吃午饭回来那阵子，时间经常会在你面前溜走：还没把心思拉回工作之前，它就一分一秒地过去了。番茄工作法是以动作为导向的，扭启番茄钟是动作，遵守铃声是动作，填写"今日待办"表格是动作。习惯成自然，要充分利用条件反射的力量。

一错再错，不长记性。为了避免第二天犯同样的错误，在一天结束前，番茄工作法要求我们做三件事：记录、处理和可视化，这些每日回顾工作是改进个人流程的关键。每天都学习，每天都进步。这样还有一个好处是，一开始你是照着书本应用番茄工作法，等到认清自身工作习惯后，就可以进行调整，形成自己专属的一套方法。

没想到一件事要做这么久。将活动拆分为小项目，使其更加清晰。经过预估，如果某项活动需要 7 个以上的番茄钟，就应当拆分它。番茄工作法预估每项活动，通过比较"预估番茄数"和"实际完成所用番茄数"，可以让你在每一步得到即时反馈。这部分与"定量预估"有关。

没想到一件事越做越复杂。在活动进行过程中，是不是经常会节外生枝，冒出一些次要任务？没问题，在番茄工作法中，你可以将其填入"计划外紧急"一栏，然后再接再厉，完成主要活动。这部分与"定性预估"有关。

头脑被各种想法占据。有时难以集中于单项活动，是因为其他想法一刻不停地冒出来。这时应当把它们填入"计划外紧急"表格，然后再接再厉，完成手头的活动。想要专心致志，就抛开所有杂念。

时间都用来学习适应复杂的工作方法了。番茄工作法如此简单，连我读幼儿园的女儿都会用。用不着云计算，用不着大把时间处理数据，用不着专门的教练跟着你，用不着啃专业术语。更牛的是，它具有可塑性，供你随时调整，避免把它变成例行公事的表面文章。

只顾低头干活，忘了抬头看路。大脑需要一点时间来巩固记忆、识别模式、得出结论。使用番茄工作法，每半小时歇一下，使大脑有机会吸收在上一个番茄钟的所见所闻。再回到工作上来，你就能够一览全局，没准又有三五个新点子。

把预估当作承诺。一项探索活动或开发活动要花的时间，没法提前预知，只能估计得尽量接近。总是把估计值当作承诺，无论是给自己还是给同事，都会带来不必要的焦虑。为避免此类困境，番茄工作法只计算番茄钟。就算最后期限迫在眉睫，你也能花 25 分钟专注于该做的事。然而也应该做到随时沟通，让相关人员看到事情进展。

流程管理，纸上谈兵。"跟踪"阶段就是在收集全天工作流程的真实数据，这些数据可用于每日回顾，以改进第二天的流程。要跟踪哪些数据，你自己决定，跟踪的内容根据具体的工作状态而有所不同，但可以先从计算"中断数"和"完成番茄数"开始。

必须去做

可怕的两岁

我想要做

牵着不走，打着倒退。有人把一堆破事推到你头上时，你还能享受工作乐趣吗？"必须去做"和"我想要做"之间的斗争，从小孩子两岁的时候就开始了 [①]。其实还有第三选项："我选择"。使用番茄工作法，每天早晨量力而为地选择当天能完成的活动。自己积极地将活动拉入"今日待办"表格，而不是被动地等它们来找你，这有助于建立你的新好员工形象。

完美主义，碍手碍脚。"等一等，还有更完美的方案"其实是另一种形式的拖延。番茄工作法没有给"拖延"任何机会。你只能前进，开始一个番茄钟，不必惦记怎样才能做到"非常完美"。扭启番茄钟，在25分钟的时间里投入努力，然后得到画一个 ×、间歇一下的奖励。

前怕狼，后怕虎，害怕失败和批评。投身于番茄工作法，让它成为你的进程指标，让工作有章可循。它只属于你自己，为你量身定做。借助每天完成的番茄数，你可以提升效率，完成更多工作，为平凡增添乐趣。番茄数绝不是让老板给你打分用的。

以上这些办公室通病，在你身边有没有呢？前面提到一些词汇，像**番茄钟、预估、表格**……可能让人感觉云里雾里，没关系，请带着问题读下去。

---

① *The Now Habit*（《战胜拖拉》），[Fio07]。

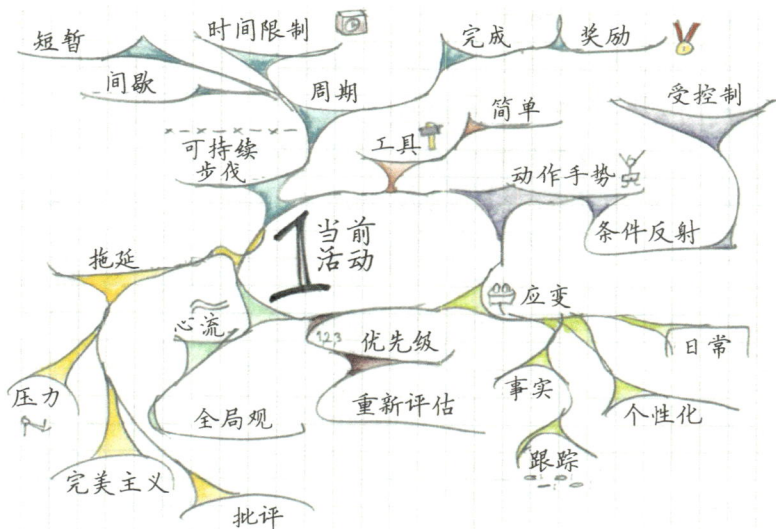

问自己：一次只做一件事

- 什么让你半途而废？
- 在哪些地方读书更容易让你集中精力？
- 你是怎样逃避做无聊琐事的？
- 通常哪类活动会让你花费的时间超过预期？
- 你的时间是否经常被事务型活动填满，即使有更重要的事要办？

第 2 章

背　　景

本章让我们来走近科学，了解一些关于你、你的
大脑及其工作原理的研究成果。每一节都是独立
的故事，不用太在意这些信息你是否用得上。

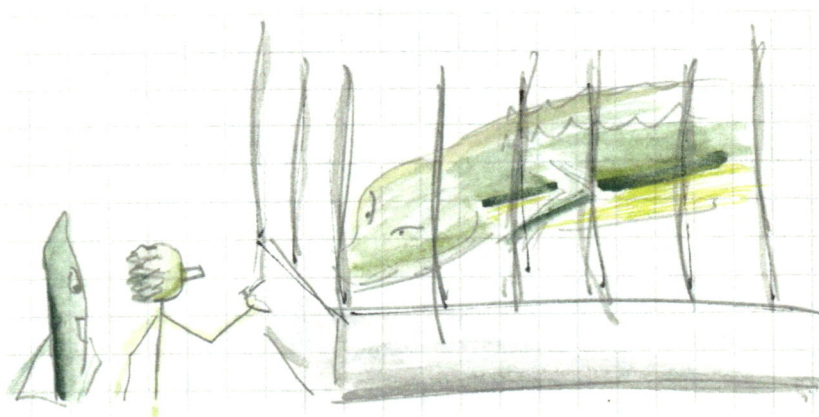

黄瓜和洋蓟在动物园相遇

黄瓜：你试过番茄工作法啦?

洋蓟：是的，很不错。我完成了很多工作。

黄瓜：那太好了。我早就知道你能用上。

洋蓟：开始没想到，结果它还真管用。

黄瓜：当然管用，它可是跟你的天性挂钩的。

洋蓟：什么意思?

黄瓜：你得知道一些大脑的工作原理。在你周围，有很多事物在阻止你发挥真才实学。

洋蓟：你是说，番茄工作法是在帮我做自我管理，排除周围的干扰?

黄瓜：没错。不光是排除干扰，你自己的一项天赋能力也会出来帮忙，那可是连爬行动物都有的能力哦。

基础

　　想获得心流状态，进入好整以暇、正襟危坐、全神贯注的状态，要比东张西望等待灵感有效得多。

　　本章让我们来走近科学，了解一些关于你、你的大脑及其工作原理的研究成果。每一节都是独立的故事，不用太在意这些信息你是否用得上。稍后你会看到，番茄工作法是简单地让你顺应自己的天性去工作，因势利导，而不是与之对抗。

大脑结构

人脑的结构可以分为四个层次：脑干、边缘系统、皮层、额叶。这四层各有其独特的长处和弱点。只要能各自扮演合适的角色，它们组合起来就会所向披靡。

"脑干"部分，生活在亿万年前的爬行动物也有脑干，脑干为我们提供了可靠的条件反射机制，我们不需要意识参与即可做出反应。

"边缘系统"是人类与哺乳动物共有的。它帮助我们进行长期记忆，同时也负责处理奖励信号。其功能主要涉及情感和社会关系。

"大脑皮层"的完善程度与动物的智能成正比，例如人类的大脑皮层就发达得多。皮层使我们能够认知和思考，并且能够"站在画外看画"进而得出结论。

"额叶"使人类与其他动物不同。它让我们能异想天开，也能发明创新；让我们能据理力争，也能理解异见；让我们能计划协商，也能操纵大局。[1]

---

[1] Blink（《眨眼之间》），[Gla06]。

大脑性能

人类的大脑每小时消耗 2 克葡萄糖（相当于 1 块方糖）、150 升血流以及 3 升氧气。虽然我们的大脑只占到体重的 2%，它却要"吃"掉 20% 的氧气。[1]

人脑有近 1000 亿个神经细胞。这些被称为神经元的细胞，通过数以百兆计的突触连接彼此沟通交流。思维轨迹的总数可能是 1 后面加上 800 个零！[2]

电脑要与大致的人类行为相匹敌，需要的计算能力约为每秒 100 万亿条指令。1997 年与国际象棋世界冠军卡斯帕罗夫对弈的电脑"深蓝"，其用于处理棋局的芯片速度相当于一台每秒 3 万亿条指令的计算机。按照当前顶级计算机处理能力提升的速度来预测，接近人脑的机器人"大脑"问世要等到 2020 年。[3]

---

[1] *Hjärnkoll*，[Lin08]。

[2] *Brain Child*（《脑力神童》），[Buz03]。

[3] *When will computer hardware match the human brain*?（《电脑设备何时战胜人脑》），[Mor98]。
目前（2022 年），顶级计算机的处理能力可能已经超过了人脑。然而，计算机对人类来说仍然只是一个辅助工具，因为它没有直觉，不具备联想能力。一台研究过很多棋局的计算机可能会打败国际象棋世界冠军。可如果我们稍稍改变一下游戏规则，计算机就又成了一个新手。人类可以更好地应对这种意外变化。

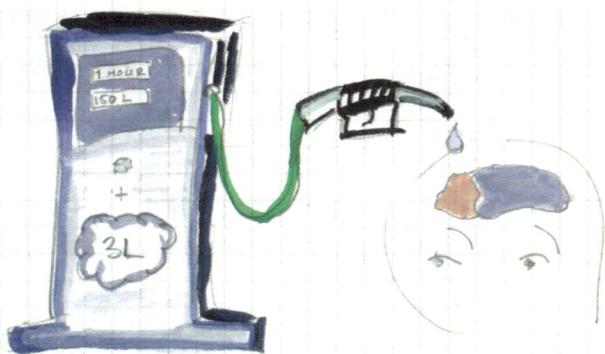

生物节律

人体器官的运转各按其时，这些节律既是促进也是限制，从出生那一刻起，直到有天我们死去。例如我们的脑电活动、心电活动、呼吸频率，还有我们对食物和休息的需求，会因时而异；就连激素水平也会按照一份时间表循环变化。

社交生活的节律也很重要。对很多人来说，错过一年一度的圣诞团圆或家人生日是灾难性的——尽管事实上还有好多个圣诞和生日可过。

脑干负责控制多种基本节律，远古时代的动物们也是这样生活的。有规律有节奏的生活方式最适合我们的大脑。节律的变更会导致头脑混乱，例如跨时区旅行引起的时差反应。作息时间不规律的人往往更容易迷茫和焦虑。[1]

这并不意味着每个人的节律完全相同。长跑运动员和短跑运动员具有不同的节律，这不仅是耐力和爆发力的差别，还是前后两次间歇相距的时长，即**作息节律**的差别。[2]

---

[1] *Blink*（《眨眼之间：不假思索的决断力》），[Gla06]。

[2] *Ten Thoughts About Time*（《与时间有关的十则思考》），[Jö5]。

是迷信还是专注的力量

阿德里安·穆图是一名伟大的足球运动员，曾效力于尤文图斯、国际米兰和切尔西队，也为罗马尼亚国家队贡献过很多进球。他透露自己成功的简单秘诀："灾难不会降临在我身上，因为我将内衣裤里外反穿了。"

图克·温德尔在美国职业棒球联盟做了十几年投手，曾效力于小熊、大都会、费城人和落基山队。他的三振总数达 515 次。比赛中，他跑到赛场休息室做什么？原来他在每一局之间要刷牙。

约翰·特里长期担任切尔西和英格兰国家队队长，他取得了辉煌的个人成绩，如入选国际足联最佳阵容、英格兰足球先生、欧洲冠军联赛最佳后卫等，他是如何做到的？问问他，他会告诉你在每场比赛前他是如何总听同一张亚瑟小子的 CD 的，如何总在同一车位停车的，以及如何在上场前绑腿带的——在球袜上缠 3 下，不多不少。

试试在办公室跟邻座交换位置，没准儿你一整天的注意力都会受影响。执行一套相同的动作和准备程序，可以使大脑自我调整，进入执行某类事务的最佳状态。

条件和非条件反射

1904 年诺贝尔奖获得者巴甫洛夫出于巧合而发现了一个重大成果，他注意到实验室里的狗一看到给它们喂食的工作人员就会分泌唾液。

于是巴甫洛夫开始了一系列长期实验。他在喂食前给狗各种信号，包括电击、吹哨子、开节拍器、敲打音叉以及视觉刺激。结果正如他所料，经过一段时间后，狗每次收到这些信号就开始分泌唾液。

反射，是建立一个特定行动的特定信号。听到节拍器的响声就分泌唾液，是以个体经历为前提的。狗经过某种训练，学会某种反射。

物种的进化赋予我们一些非条件反射，例如眨眼。条件反射和非条件反射都不是孤立存在的，但不同于条件反射需要后天训练，非条件反射是与生俱来的。

一个日常生活的例子：因为每晚临睡前都要刷牙，所以我现在挤牙膏的时候就已经困了。同样，我也已经通过番茄工作法训练了大脑，一扭启番茄钟，就集中注意力；一到番茄钟响铃，注意力就放松下来。就连咔嗒作响的声音现在也能加强我的注意力。这些都是条件反射。

左脑与右脑

大脑皮层涵盖两个大脑半球，这两个大脑半球通常称为**左脑**与**右脑**。如果将我们 3 毫米厚的大脑皮层展开、铺平，它的大小相当于一张小报（A3 纸）的尺寸。

左脑与右脑之间隔着一道深沟。诺贝尔奖得主罗杰·斯佩里在 20 世纪 60 年代发现，两个半球在主要智力活动上各有分工。它们分别在某类活动上占优势，但两半球都具备所有领域的基本技能。[①]

左脑倾向于匹配，它对我们当前看到的和之前经历过的进行比较，如果一个模式看起来合理，则将它加入指令系统。说话的时候，左脑帮助我们产生一个符合语法和语义规则的词语线性序列。对过去进行分析也是一个典型的左脑任务。

与此相对，右脑更倾向于直觉。右脑理解比喻、产生梦想、组合新想法，有时还能穿过无序的逻辑，使我们拥有灵光一现的时刻。

---

① *The Mind Map Book*《思维导图》，[BB96]。

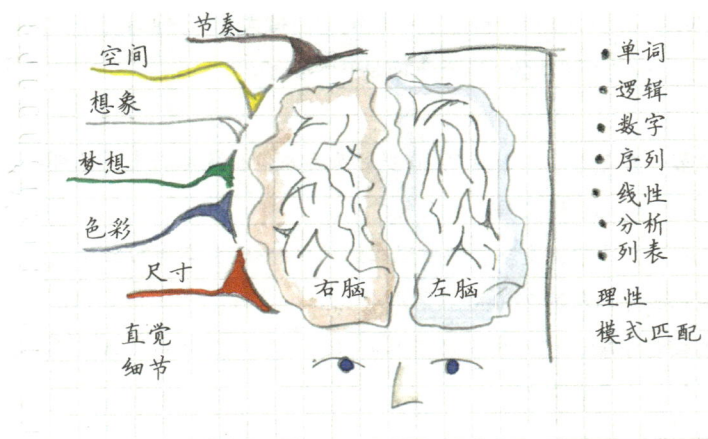

节奏
空间
想象
梦想
色彩
尺寸
直觉
细节

右脑 左脑

单词
逻辑
数字
序列
线性
分析
列表
理性
模式匹配

天才

约翰·朗顿·唐在 19 世纪创造了一个词"白痴天才"。他研究了智商偏低，但记忆细节能力超常的人。[1] 下面是几个例子。

- **奥兰多**一直是普通人，直到 10 岁时头部左侧被棒球击中。从那时起，他可以记住过去每天的天气情况。
- **金姆**到 4 岁才学会走路，但他现在能记住 9000 多本书的全文。
- **丹尼尔**能背诵超过 22 000 位圆周率。[2]
- **乔治和查尔斯**，这对孪生兄弟只需要一秒钟就能算出过去 8 万年中任何一天是星期几。

这些天才多数左脑损伤，或是在连接两半球的神经方面存在缺陷。一种理论认为，大脑右半球在试图做出弥补。想想看，当我们透过自身经验的有色眼镜看世界的时候，是否也抹杀了意想不到而惊人的记忆力和计算能力呢？

---

[1] *What autism tells us about development of savant skills*（《自闭症对发展天才技能的启发》），[Rev]。
[2] *Born on a Blue Day*（《星期三是蓝色的：一个自闭症天才的多彩幸福人生》），[Tam06]。

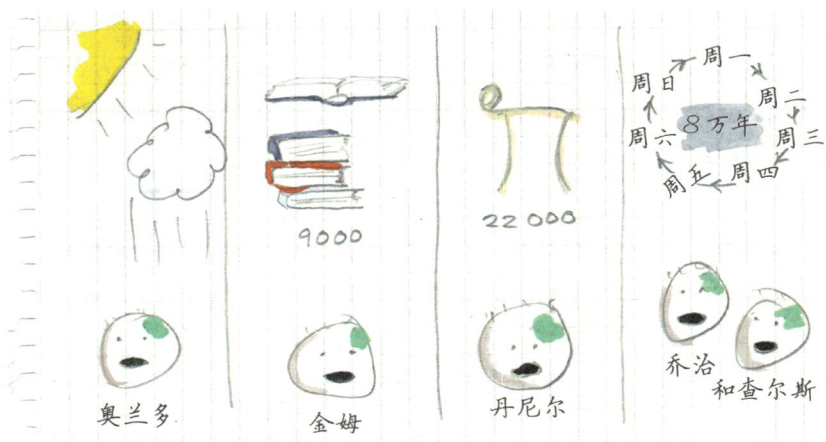

多动

如果你感到难以在一项单一活动上保持全神贯注较长时间，那应该属于典型的多动症。其他指标包括容易生气或高兴，或有冲动的行为表现。真正的问题并不在于这种情况是先天还是后天造成的，真正的问题是：你可以为此做些什么？

多巴胺神经递质的职责之一是保持人的警觉性。有一种理论解释为什么有些人常常多动——大脑要弥补多巴胺产量的不足，从而增加了肾上腺素的生产。

例如，当我非常疲惫时，我会表现出多动型人群的类似症状：后继乏力，注意力集中不起来。因此，我需要休息，以获得新的能量。要让注意力处于最佳状态，我需要在每半小时之间进行短暂间歇，每周安排不超过 40 小时的工作计划。我的经验告诉我，采取可持续的步伐，是工作卓有成效的前提。

工作记忆

如何记住 7 个以上数字的序列？阿兰·巴德利创建于 1974 年的理论体系，描述了大脑中用于暂存和处理信息的结构和程序。

"中央执行器"控制我们的认知过程，对信息进行分门别类，它扮演首席执行官。"语音回路"通过复述的方式存储我们看到的东西，它的容量有限，使得短单词更容易记忆。"视空画板"上保存了我们所看到的信息，它帮助我们判断距离或进行视觉想象。"情节缓存"是一位"多面手"。它跨领域进行沟通，建立起统一的视觉、空间、语言和时序单元，对于长期记忆，它也是一位不错的帮手。

工作记忆的容量有限。举例来说，我不能分心处理两个问题。如果我正在忙于一项任务，然后注意力突然转移到其他事情，等我回到刚才在做的事情上时，就得多花时间让自己回到轨道上来。这就是环境的频繁变化会降低生产力的原因。番茄工作法可以帮助你，避免让有限的工作记忆成为瓶颈。[1]

---

① *The Overflowing Brain*（《超负荷的大脑：信息过载与工作记忆的极限》），[Kli08]。

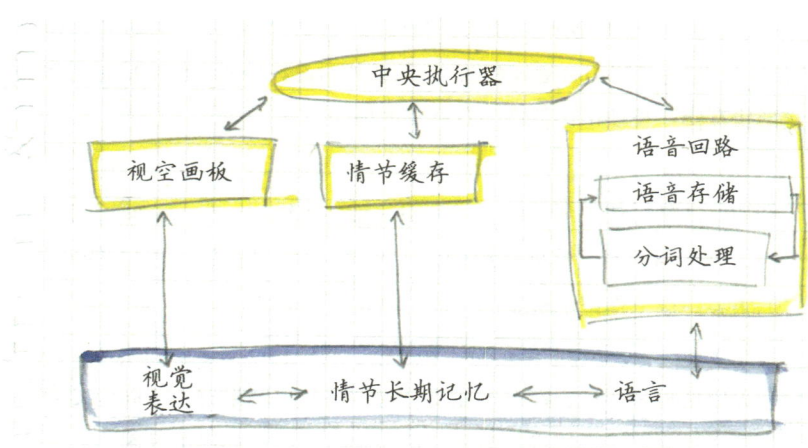

联想机器

阿兰·巴德利在 1966 年指出，根据他对记忆编码方式的研究，在短期记忆中信息通常以声音形式存储[①]。与此相对，在长期记忆中信息通常以语义形式存储。长期记忆就像一台巨大的联想机器。

例如，立刻记住类似"羊、洋、阳、杨"这样的一组词，要比立刻记住"小、微、弱、窄"这样一组词困难得多，后一组在听觉上的变化，使它们更容易被工作记忆机制的"语音回路"所区分。

一天以后再来回忆，情况则相反。延迟回忆更容易记住不同含义的词语，大脑通过联想对记忆进行编码。可视化技术，比如思维导图，是理清联想脉络、服务长期记忆的极佳工具。

---

① *Short-term memory for word sequences as a function of acoustic, semantic and formal similarity*（《对单词序列进行短期记忆的声音或语义机能及其形式相似性》），[Bad66]。

短期记忆

长期记忆

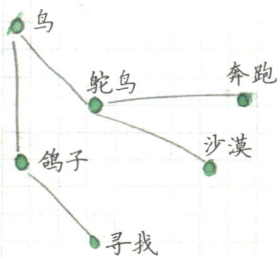

交替和持续

我们从两个不同的角度思考时间。

- **时间是持续的**。"我已经逛街两小时了，而且还没逛完""啊，我得在 10 分钟内赶上公车""你需要多长时间完成这项任务"，这里的时间表示两点的距离——起点到终点。
- **时间是交替的**。鸡 1 生蛋 2、蛋 2 生鸡 3、鸡 3 生蛋 4，依次类推。这些事件互不重叠，我们可能不知道具体时间，但我们知道其发生顺序。

从时间持续的角度来看，对未来进行思考、计算和划分，无异于盲人摸象，至少在以全新的方法面对全新的任务时会是如此。对于我和大多数人来说，正是这种不可预测性导致了焦虑。而焦虑无疑会导致生产力下降，甚至可能把事情搞砸。如果我们能将工作视为一连串的事件各个击破，生产力将得到提高。

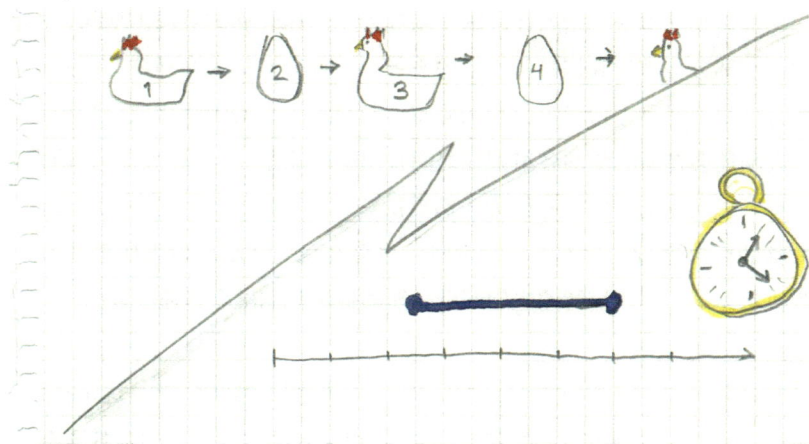

做梦

在快速眼动睡眠（指人在睡眠中眼球处于高速转动的阶段）期间，大脑的一小部分会重放我们日常生活的影像。这部分被称为海马体，因其形状而得名。记忆是一份稳定封存的副本，与事实无关的情绪化成分均被剔除。大脑还会在所收集的各组记忆之间找出新的联系。"脱机状态"，即大脑没有考虑问题的时候——能为我们提供新思路和新见解。这一逻辑进程在大脑的后台运行，它不光在睡觉时，也会在我们清醒着但无所事事时，即脱机状态下工作。短暂的定期间歇，能够促进我们融会贯通的能力。

瑟林斯基和克莱特门在 1953 年发现了"快速眼动睡眠"[1]。这是在弗洛伊德的大作《梦的解析》发表 53 年后。快速眼动睡眠，或称**有梦睡眠**，每晚出现 3 ~ 5 次，每次持续 5 ~ 15 分钟，是我们生活中不可忽视的组成部分。算起来，假如我们活 70 岁的话，大约会有 5 年处在快速眼动睡眠状态。非快速眼动睡眠的特点是脑波动频率缓慢，而快速眼动睡眠期间的脑电波与清醒状态类似，是低振幅的快波[2]。

---

[1] *Regularly occurring periods of eye motility and concomitant phenomena, during sleep*（《眼部活动和伴随现象在睡眠中的定期出现》），[AK53]。

[2] *Hjärnans futurum*（《大脑未来时》），[Ing01]。

吸收

"相关记忆"能够综合概括个人原有知识，脱机状态，比如快速眼动睡眠时间、暂时放下待解决问题的片刻小憩时间等对它意义重大。传递性推理是了解相关性的一种手段。例如，一开始我们分别了解几对单独的假设——"黄色比绿色好""绿色比紫色好"，然后即使没有明确说明黄色与紫色的关系，我们也会推断"黄色比紫色好"。

2007 年，杰弗里·M.埃伦波根等人对参与者进行了分组测试，每一组都进行相同级别的"假设对子"训练，不同的是脱机时间长短，分别为20 分钟、12 小时及 24 小时。一开始参与者要学习 5 对假设，例如"绿色比紫色好""紫色比橙色好"等，这一系列假设的背后暗含了某种层级关系，比如"绿＞紫＞橙"，但没有明确说明。

参加 20 分钟时长测试的参与者无法答对推理问题，但经过 12 小时或24 小时脱机时间的参与者，对相关度的认识显著提高，无论是学习到测试这段时间有没有睡觉，都有提高。[①]

这就解释了为何有些解决方案会在我午饭或一夜睡眠后冒出来！

---

① *Human relational memory requires time and sleep*（《人类的关联记忆需要时间和睡眠》），[EHP +07]。

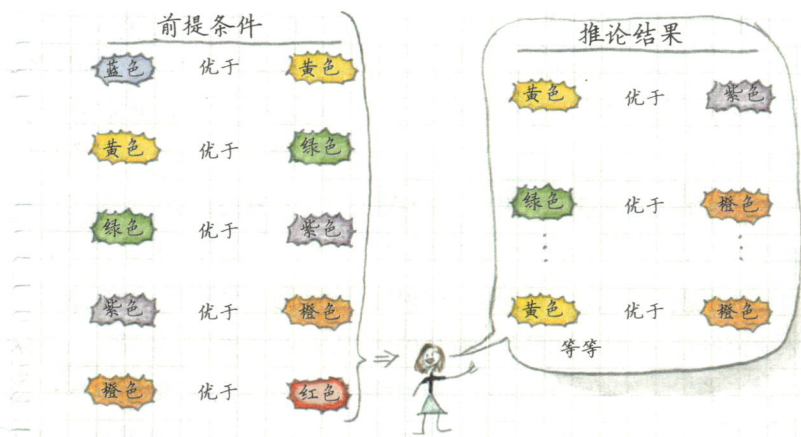

吃饭睡觉钟

斯卡尔曼（Skalman）是瑞典的一位卡通海龟人物，他名字的意思是"空壳人"。他最有意思的地方，既不是他戴的黄色帽子，也不是他在技术、逻辑、化学方面的天分，更不是他从空间火箭到自行独轮车的种种发明。

关于斯卡尔曼，最引人注目、也是他自己最得意的，是一项发明：吃饭睡觉钟。每次钟一打铃，他立刻唯命是从。当然，选择这样过日子全是他自己的主意。钟说吃，他就吃；钟说睡，他就睡。也不管大怪兽是不是要来吃掉他们——斯卡尔曼和他最好的朋友巴姆斯和里尔斯卡特。只要钟说该睡觉了，斯卡尔曼会立即进入睡眠状态。（不过斯卡尔曼在 1982 年破例了一次：巴姆斯和他的妻子巴姆梅丽莎有了三胞胎，斯卡尔曼有一顿饭没吃。）

这是严格遵守时间段和严格迭代的行为。依靠时钟导致的结果是，相对于里尔斯卡特和巴姆斯，斯卡尔曼总能采取符合逻辑的行动，即使面对重重压力。重复的手势和惯例能帮助大脑适应现场情况。

心流

有一种精神状态称为"心流"，它具有以下特点：有明确的目标、集中、专注、自我意识消失、时间感扭曲、有直接和即时的反馈、能力水平与面对的挑战相平衡、有个人控制感、有工作本身的内在奖励、行为与认知合一。[①]

心流是一种创造性的状态。保持心流的状态，效率不就提高了吗？不是的。心流状态下我们缺乏全局观念，创造力与统筹力难以并存。时不时地，我需要纵览全局进行战略决策，部署行动，以便在下一个心流期间能够全身心投入这项行动中。

在进入心流阶段之前，我扭启一个番茄钟，让它稍后唤醒我，这样我就可以暂时换上战略眼光，观察全局，然后再次回到心流中——这就是节奏。另外要记住的是，让自己好整以暇、正襟危坐、全神贯注，要比东张西望等待灵感更容易进入心流状态。

[①] *Flow*（《心流：最优体验心理学》），[Csi02]。

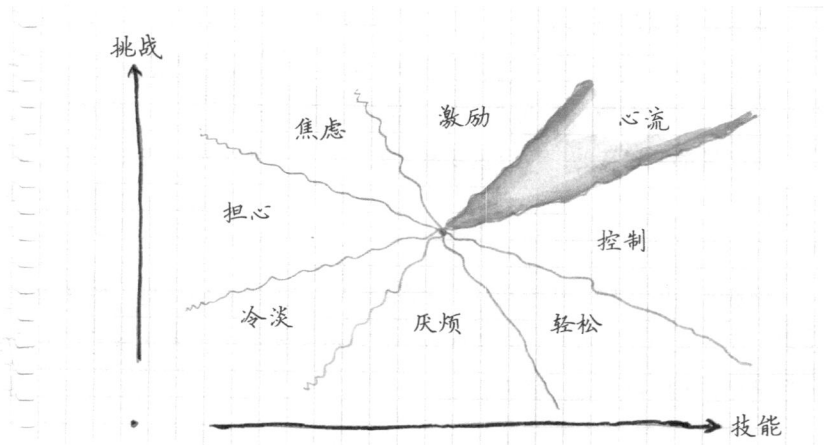

挑战

焦虑　　激励　　心流

担心

控制

冷淡　　厌烦　　轻松

技能

激励

假设我刚刚开始一项重要活动，例如工作上接了新项目。我要收集、分析大量的信息，跟很多人谈话。仅仅"确定和谁谈话"本身就相当于一个项目了。此时的情况看起来杂乱无章，但现实往往比看上去更加复杂。每一条信息都是独特的，没有重复和冗余。正式开始之前，我花了很长时间准备。

随着时间的推移，从起初的一团乱麻中，我开始看到脉络。我学到的越多，任务就变得越有趣。在某些环节上，我甚至完全进入状态了，满脑子都是它，忙的都是它，欲罢不能。

然后，当我弄懂看透了整个事情以后，它就变得越来越乏味。最重要的部分已经完成，但仍然有收尾工作。我必须做整理，使做出的结果像模像样。再一次，我经过很长时间准备才能开始。

激励是一种生理活动加剧的状态。我不需要巅峰，更不想要低谷，我想保持一个可持续的步伐。

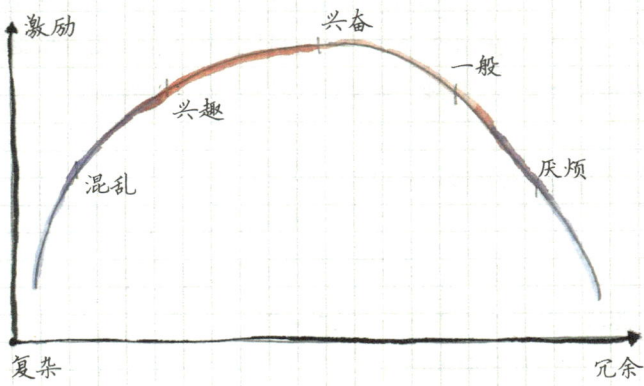

拖延

拖延是一种焦虑应对机制，与启动或完成某项任务或决策有关。你为什么拖延？因为你的懒惰？不，即使是最拖拉的人也有动力和能量做一些事——发展业余爱好、拓展人际关系，或者做社团工作。

有三个导致拖延的突出原因：

- 其他人强迫你做一些事，违背你的意志；
- 你给自己压力，想要有完美的表现；
- 害怕犯错误或受批评。

比方说，你习惯性迟到，最后期限总让你心惊肉跳。没时间陪老婆，没时间娱乐。怎么会这样？这是因为在感觉上，拖延就像一个奖励。拖延会暂时缓解你的压力。但请记住，压力来自内部，而治疗的良方是找到项目的起跑线。①

---

① *The Now Habit*（《战胜拖拉》），[Fio07]。

英雄主义和内疚

加班是因为英雄主义和内疚，内疚是因为之前的承诺。

给你讲一个冒牌英雄的故事。有一次，为了修复一个错误，我在办公室待了将近一晚。凌晨4点回家时，我发了电子邮件给项目负责人，解释说错误已经修复了。第二天，这个项目负责人给整个部门群发了电子邮件，也发给了公司几位副总。我被当成了英雄——不是因为修复错误，而是因为午夜在办公室为工作拼命的精神。

让我们从开始就弄清楚一件事：超时工作就像拿信用卡购物，你可以买到眼下买不起的东西。但说到底，你最后还是得为这一切掏腰包。而且——我想这么比喻不够严重——为了买超出当前购买力的东西，你还不得不为此支付利息。这是一种短视的时间管理方式，因为支付利息会减缓你未来成长的速度。长远来看，如果能有一个可持续的步伐，我们的生产率会更好。我们的大脑需要定期休养，既包括工作时间的短暂间歇，也包括每天工作完成以后的较长休息。

调整过程

我以前开车很稳的，直到有一天我配了副眼镜。哇，这么多车从四面八方冒出来！

调节器用来维持指定的参数指标处在期望的水平。例如，恒温器控制热能进入或离开一个系统的流量，它根据温度计的测量结果来采取行动。系统根据传感器的测量结果和期望的水平调整自己的行为。飞机是依赖监管过程的另一个例子。自动驾驶仪带领飞机不惧风雨，飞越重洋。

那么，在短时间内对工作方法做反复调整，有何不妥呢？

在专注工作的过程中，我们应当只对相关指标做持续记录。定期的会议才是专门用来分析调整的场合。在这样的场合中，我们会在分析过往数据的同时展望未来：如何适应我们所处的办公环境、所面对的活动类型、手头的工具、身边的队友、项目的最后期限，以及其他相关情况？

薄片撷取

　　我的认知和结论，有时基于的是虚构的事实。直觉要我选择一个选项，但再三思考之后，我反而拿不定主意。我对面前的问题一窍不通，所能借鉴的仅仅是个人的好恶、固有的观念及道听途说。

　　正确的决策是意识和直觉之间相平衡。为了做出正确的决定，你需要简化问题，使其只包含重要事实和你有足够能力进行分析的领域。而"薄片撷取"是一种不假思索的思考方式。我们从一段极短时间内的经验中提取真正重要的信息。这些判断有效与否，完全取决于我们的经验、专业训练和知识，而非其他因素。[①]

　　真正的挑战在于建立一种简单、透明、具有支持性、自我完善、有灵活性的进程。灵活性基于我们跟踪记录的事实数据，我们不仅要用这些指标调整进程本身，还要改善我们自己。然后，我们将能够在正确的时间，以正确的方式瞬间做出决定，并据此采取正确的行动。

---

① *Blink*（《眨眼之间：不假思索的决断力》），[Gla06]。

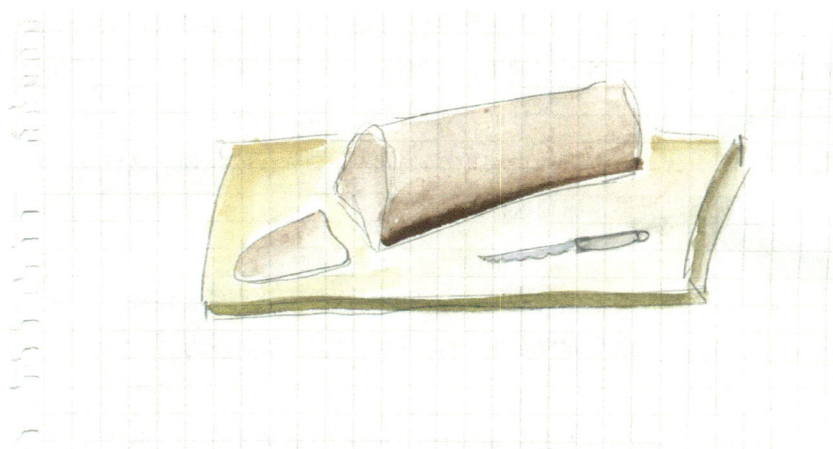

拥抱变化

假设我一直努力忙于一项优先级较高的活动，一个多月后，我的老板来了，告诉我这个项目不用做了，定制该功能的那个客户破产了。所有我做过的工作都白忙了。一个月前开始的时候，我怎么可能知道这个情况？吃一堑，长一智，我们应当更加频繁地提供反馈和接收反馈。这样我、老板和客户就可以提早预测到这样的失败了。

变化是商务世界永恒的主题，它不会每次都听我们的，但我们可以尝试控制它的影响。学会拥抱变化，打开机会之窗，消解压力。

人们通常误解变化不会带来好处，总是会导致成本暴增。基于这一理由，我们必须事先认真计划，以避免后期大幅修改。但即使变化发生了，所增加的成本通常也可以借助良好的对策来加以抵消——严格控制我们必须完成的内容，并频繁重新进行评估，从长期和短期角度问自己："完成什么才是最重要的？"

我们如果能使变化所带来的成本随着时间的流逝上升速度越来越慢，避免成本呈指数倍暴增，就能采取截然不同的行动。对于会产生重大影响的修改决定，我们会尽可能安排得晚一些，以延缓与之相关的成本产生，并为回到正轨争取最大的机会。[1]

---

[1] *Extreme Programming Explained: Embrace Change*（《解析极限编程：拥抱变化》），[Bec00]。

选择的悖论

　　在所有的可选方案中不断地做取舍会带来焦虑，使我们无法专心致志。我们有太多的选择，需要做太多的决策，做真正重要事情的时间反而太少。选择产生焦虑，评估可选方案会导致时间流失和专注度降低。[①]

　　但我们自始至终仍然愿意做最重要的事情。当环境发生改变，而且影响到我们手头工作的价值时，我们应该接受这种变化，或许还要调整原先的优先次序。

　　即使在万不得已的情况下重新调整优先次序，即"选择当前活动"，也必须限制在某种场合下进行。但为了及时对变化做出响应，即"切换当前活动"，我们必须让此类场合足够频繁地出现。因此需要有一个步调，例如选择 - 工作 - 间歇；选择 - 工作 - 间歇……同时我们用时间盒来限定工作时段，以便在我们全神贯注于当前工作的时候，还能抽出身来。

---

① *The Paradox of Choice: Why More is Less*（《选择的悖论：用心理学解读人的经济行为》），[Sch05]。

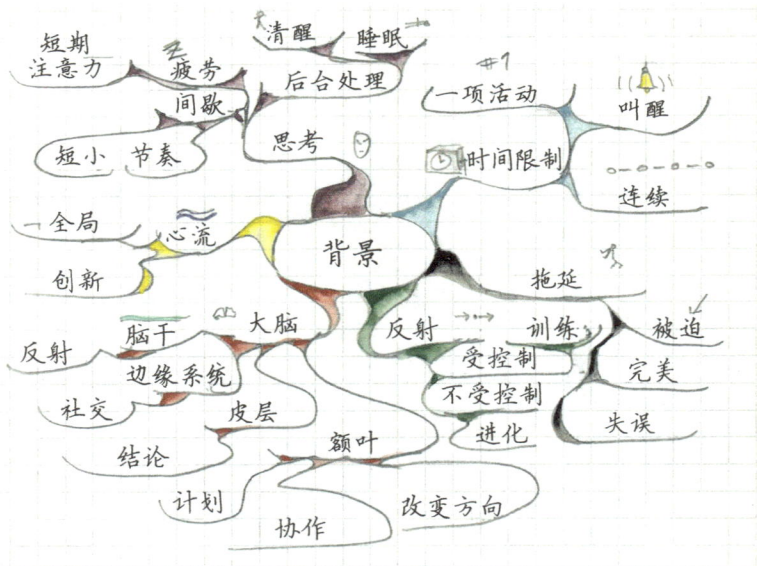

问自己：背景

- 在一份耗费脑力的活动上你能专注多久？

- 你的私人生活和职业生活的节奏是怎样的？

- 对于考验记忆的游戏，你能玩好吗？

- 你上一次拖延是什么时候？为什么？

- 你做决定的时候是凭直觉还是凭意识？如何平衡？

第 3 章

方　　法

本章将带你了解阶段、工具以及番茄工作法的常见问题。到本章结束，你应该已经完成了一个全天练习，包括创建"活动清单"表格和"今日待办"表格。

黄瓜和洋蓟在图书馆相遇

黄瓜：用了番茄工作法，效果如何？

洋蓟：一切进展顺利。我已经全面使用它啦！

黄瓜：你如何确定当前要做的事？

洋蓟：一般它就在我脑子里了。我记性不错。

黄瓜：你用什么掐表计算 25 分钟啊？

洋蓟：我记下开始的时间，当然也总忘了停下来。

黄瓜：看来你的番茄工作法八字还没一撇呢。比较正式的用法是借助厨房定时器，做记录表格，还要每日回顾。这样可以避免你漏掉事情，改进你每天的流程。

洋蓟：不要太难啊。

黄瓜：不难，超简单。

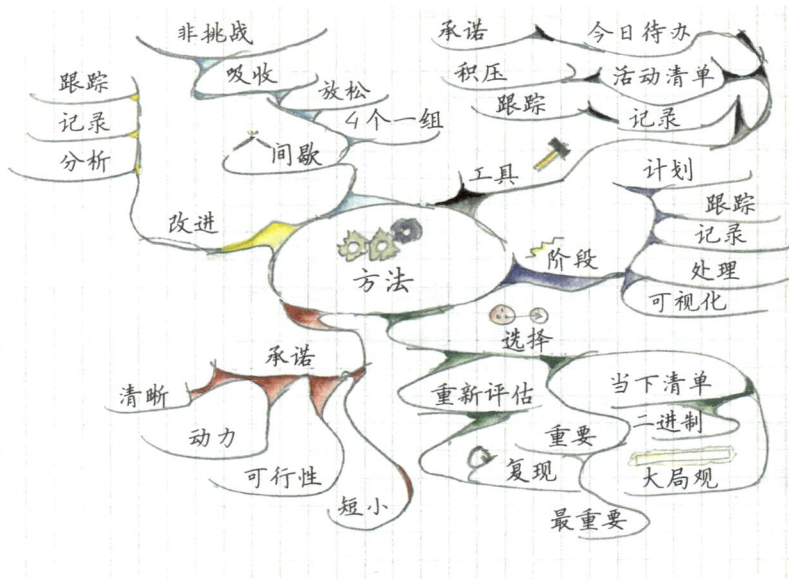

学习工作法

　　方法很简单。选择"今日待办"表格中最重要的工作，扭启番茄钟到 25 分钟，开始专注于这项活动——仅此一项。

　　终于说到正题了！本章将带你了解阶段、工具，以及番茄工作法的常见问题。到本章结束，你应该已经完成了一个全天练习，包括创建"活动清单"表格和"今日待办"表格。

阶段

我们预览一下番茄工作者的一天，他们的一天有以下 5 个阶段。

- **计划**：在一天的开始，从积压的工作（称为"活动清单"）中提取最重要的活动，填写到"今日待办"表格中。这就是你当天的自我承诺。
- **跟踪**：确定当天活动后，扭启 25 分钟的番茄钟，从当天活动的第一项开始进行。在每个 25 分钟的时间段（称为一个番茄钟）内，你要收集一些过程指标，比如计算遇到的中断次数。
- **记录**：在一天结束时，将当天收集的数据归档，写入"记录"表格。如果你跟踪了中断次数，就把中断次数写下来。
- **处理**：从所记录的原始数据中提取有用信息。例如，可以计算在每个 25 分钟的时间段，平均遇到几次中断。
- **可视化**：最终你要将信息以某种方式组织起来，从中找出改进流程的思路。如果你想养成最适合现实情况的工作习惯，在自我调整过程中，基本上每天都要做这样的回顾。

在每天开始时做计划；每天结束时，进行记录、处理和可视化工作；在中间的时间，对 25 分钟周期循环进行跟踪。

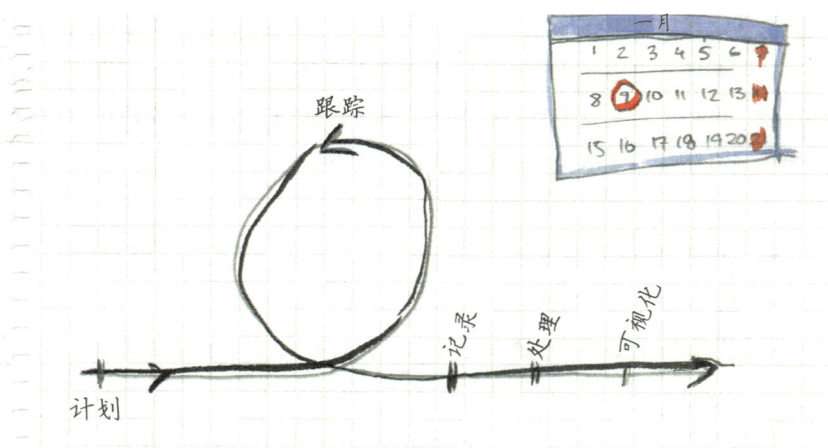

一月

1	2	3	4	5	6	7
8	7	10	11	12	13	
15	16	17	18	19	20	

跟踪

计划　　　记录　处理　可视化

戴明循环

美国统计学家威廉·爱德华·戴明和安德鲁·沃尔特·休哈特共同创立了戴明循环，也称品质管理循环或 PDCA 循环。它是一个解决问题的周期流程，可用于对其他流程进行改进。基于"假设－实验－评估"的科学方法，戴明循环的 4 步为：计划－执行－核查－行动。

- **计划**（Plan）：定义预期的结果，以及达成它所需的流程。
- **执行**（Do）：实施该流程。
- **核查**（Check）：对流程进行衡量，比较实际结果与预期结果，找出差距。
- **行动**（Act）：对差距进行分析，找出问题根源，以图改进。

这一系列的计划、监控、衡量和改进，也正是番茄工作法的核心，番茄工作法是一套典型的 PDCA 流程。在每天早晨确定要做哪些工作，跟踪什么。然后贯穿全天的是跟踪事件，在表格画叉号、撇号、减号等。在每天结束时，将当天的跟踪数据与最近几天的数据及事先的期望值进行比较。问问自己，有没有努力完成早晨在"今日待办"表格上承诺的活动，然后想想如何改善明天的流程。每天重复这个过程，对流程进行改进。[1]

---

[1] *5s Kaizen in 90 Minutes*（《90 分钟 5s 改善》），[Sco08]。

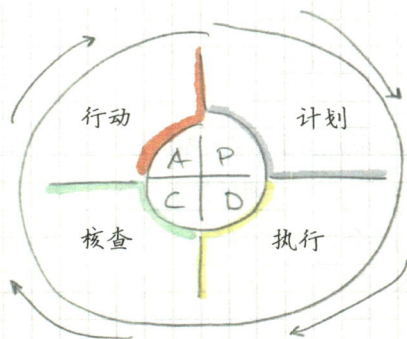

工具

简单易用的工具可以简化方法。你可以忽略流程管理方法，专注于真正要做的事。番茄工作法只需要一支钢笔或铅笔、一枚厨房定时器、三张白纸或横格纸。

可以为你的办公环境选用任何类型的计时器。可以是机械厨房定时器、数字厨房定时器、沙漏、手机的振动闹铃或者电脑软件。扭启设定机械番茄钟的动作对培养条件反射有好处。要不了多久，这个动作就能帮你找到感觉，保持节奏。

三张纸的用途如下。

- **"今日待办"表格**：填写今天的日期、你的名字，列出打算在今天进行的活动。每天早上这张表要换新的。
- **"活动清单"表格**：填写你的名字，列出最近要进行的活动，随想随填，不用排序。同一张"活动清单"表格可以用很多天——增加新的活动，划掉已完成的。
- **"记录"表格**：记录所采样的流程指标，以便对流程进行改进。同一张"记录"表格可以用很多天，以便比较每天的跟踪记录。

自己动手：做一张"活动清单"表格

　　把书签放在这一页，去找一支笔、一张纸和一枚厨房定时器。扭启 5 分钟番茄钟。在纸面顶端写下标题"活动清单"，想想你在家要完成的活动，把它们全记下来，无论是否重要，不必考虑重要程度和优先级，也不必写出具体做法，只写活动完成后的状态。比如：

- 客厅整洁；
- 买烹饪书；
- 发电邮给西娅。

　　言简意赅就行了，不要刻意缩写或长篇大论，也不要考虑措辞能否让别人理解，最重要的是你自己能看懂，即使你今天写下它们，一个月后回来看也能明白。一个好方法是，第一个词代表活动的主题类型（事情虽多，总能归类到几种主题），后面第二个词则明确表达想要实现什么。

　　将活动从上到下列出来，每行一个活动。如果你知道某件事必须在某个时间完成，也可以标上最后期限。如果晚上 7 点你要在家里请客，可以写上"客厅整洁，7:00 pm"。继续这个练习，不要停止，直到番茄钟响铃。然后回来接着读这本书。

活动清单

- 客厅整洁
- 买烹饪书
- 发电邮给西娅

自己动手

寻找起点

假如没有番茄工作法，有时就会犯难每天的工作要如何开始。感觉千头万绪，有无数的事要做，苦于分身乏术，没等真正开始做什么，突然发现该吃午饭了。

"现在就做"是一个很好的原则，可以减少你"不得不做"的工作数量。作为一名独立的软件开发顾问，我要自己管理公司，也就是说我得承担日常工作，包括强制性的书面工作，如处理账目、寄送发票、填写纳税申报表格。这些事拖着不办，不会减轻困难，只会雪上加霜，再怎么等也等不到天上掉馅饼，而且时间长了我会忘记一些重要细节。

在我这里，仅仅整理出一个长长的工作清单是不够的，关键在于选择。在此刻，我决定进行一项活动，就等于决定不去做我积压清单里其他几百项活动。[1]

将最重要的活动排到第一位，并全力以赴去做，会有一种脚踏实地的安全感，否则注意力会一直被这样的问题扰乱——我现在真的在做最重要的事吗？在我的例子中，每天早晨我先纵览整个积压工作清单，选出最重要的一项活动，在一小段时间内与它"共舞"，之后再重新评估它是否仍然是最重要的。我在心目中将"必须得做完"换成"从哪里开始"，将"这个项目很大很重要"换成"我可以走出一小步"。[2]

---

[1] *Get Everything Done*（《搞定一切，还有时间玩》），[For00]。
[2] *The Now Habit*（《战胜拖拉》），[Fio07]。

早晨

使用番茄工作法，找到起点就变得简单了。看我是怎么做的。在一天的开始，从我的"活动清单"表格中选出一些最重要的活动，将其填到"今日待办"表格中。这就是计划阶段。

然后我选择"今日待办"表格中最重要的工作，扭启番茄钟到25分钟，开始专注于这项活动——仅此一项。在脑海中，我把这项活动加入"当下清单"，这个虚拟列表是二进制的，它只有两种状态：现在有一件事做；现在没有事做。

自发地选择去做一些事并将其做成，将成为良好时间管理的基础。当要决定做什么的时候，应当有全局的眼光，避免陷入琐事当中。使用番茄工作法，每天早晨所有备选的活动你可以一览无余，并从中做出选择。①

番茄工作法有一定的目标导向。选择一些今天能完成的活动，这是你的承诺。如果它们得以完成，满心欣慰是回报给你的精神奖杯。

---

① *Get Everything Done*（《搞定一切，还有时间玩》），[For00]。

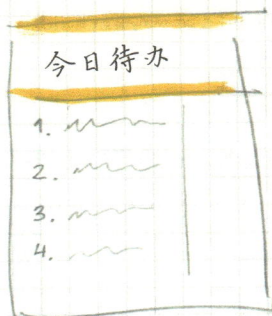

自己动手：做一张"今日待办"表格

拿一支笔、一张纸、一枚厨房定时器，还有你刚刚做的"活动清单"表格。扭启 5 分钟番茄钟。在纸面顶端写下标题"今日待办"，想想你今天要进行的活动。

先看看你的"活动清单"表格有没有漏掉什么内容。比如：

- 开车带埃达看球；
- 做晚饭；
- 给姐姐打电话。

"活动清单"表格里的事情，别一股脑都抄到"今日待办"表格里，要考虑全部做完的承诺是否合理。继续练习不要停止，直到番茄钟响铃。然后继续读这本书。

如果抄过来的这部分活动今天全部完成了，你会有什么感觉？选出活动填入"今日待办"表格，也意味着你拒绝了那些没有选出的活动。现在是不是更容易专注于所选活动了？

今日待办

- 开车带埃达看球
- 做晚饭
- 给姐姐打电话

自己动手

承诺

传统的工作清单不算承诺。将一项潜在的活动填入清单，可能会让你感到安全，包括填入别人强迫你做的事。列表很长，而且内容还在源源不断地增加，可以肯定地说，它们完成不了。没有承诺，就没有动机。从这样一份巨大的清单里完成和删除一行内容，不会带来什么成就感。

"今日待办"表格是针对某个时间段所做的承诺。某件事你今天不打算做，就别把它填进去。这张表格只让你看到今天可以达到的目标。相比之下，"活动清单"表格更像传统的工作清单。它的容量没有限制，一些锦上添花的事也可以填进去，不用担心其重要程度，即使它永远都排不到优先执行的队伍里也没关系。

这里要强调的是，"活动清单"表格很有用，但只有它是不够的。为了激发动力，你需要量力而行，为一段固定的时间，从"活动清单"中提取一组适量的活动。如果该提取过程由你自主完成，你确实相信这段时间内可以实现这些目标，这就成为你的自我承诺。一天，是一个可以预期的时间段长度，而且要完成所承诺的活动，一天的时间也足够长。

区分"活动清单"（传统工作清单）和"今日待办"（所提取的承诺）是一项必要的策略，它可以保证你做正确的事情，现在就开始，并全心全意投入你的工作。它帮你明确目标，实现自我控制。

直接和立即反馈

打保龄球的时候，我们有一个明确的目标，就是让球沿着球道滚出，尽可能多地击倒球瓶。每次投球，马上就知道投得好不好。最让人欲罢不能的不是每次击倒球瓶的数量，而是前后投球成绩的关联。这次我打倒 6 个球瓶，会导致什么结果？我下一步的策略如何调整？当人类心智能量（注意力）的投入获得成功的结果时，人们会感到满足。[①]

例如，在进行一项历时几天或几周的活动期间，我难以得到类似这样直接的和即时的反馈。整件事情完成之前，我看不出成败。如果距离最后期限只有几天，情况就更糟了，对于能否在最后期限达成目标，我不确定，也很焦虑。

使用番茄工作法，为刚才 25 分钟的工作打个好评，能让我们获得立即反馈。

---

① *Flow*（《心流：最优体验心理学》），[Csi02]。

前瞻记忆

为避免一头扎进不太重要的活动，要记得定期评估活动的重要程度，还要记得频繁地间歇，而且还要时不时地提醒自己，进行自我评估，努力扬长避短。我个人是利用一系列辅助手段（例如书面的计划、连续的流程、定制的铃声信号）来支持我的前瞻记忆的。

回溯记忆关注的是过去的事情，作为补充，**前瞻**记忆帮我们记住未来要做的事情。例如，前瞻记忆用来帮我们记得要开会，记得给某人打电话，总的来说，就是记得做我们"曾经打算在未来做"的各种活动。

随着年龄增长，我们的额叶活动，以及未来的记忆力都会逐渐减弱。生老病死是自然规律，但可以通过外部刺激来弥补，比如给自己设置一些提醒。前瞻记忆与我们的意愿密切相关。假如我们想让事情在未来发生，就可以为此建立长期计划。当计划实现时，我们心满意足，得到奖赏。[1]

---

[1] *Hjärnans futurum*（《大脑未来时》），[Ing01]。

当下清单

在 1933 年，海德薇·冯·雷斯托夫进行了一组记忆实验，并得出结论：在一组类似项目的清单中，视觉上孤立出来的项目更容易被记住。例如给你看一张购物清单，其中一项是天蓝色突出显示的，结果比起其他事物，你更容易记住突出显示的那件。这一现象今天被称为冯·雷斯托夫效应。

"当下清单"并不是番茄工作法要求做的真实表格，只是我自己提出的一个概念，指我在现在、此刻关注的事情。在我的脑海中，"当下清单"是二元的，只有 0 和 1。我关注某 1 项活动，或 0 项活动。它永远不会是 2、3、4 或其他数目。我会选择一项单一活动，然后扭启番茄钟，接下来面对的挑战是，在 25 分钟的番茄钟的时间内，不要给其他活动任何的机会。

冯·雷斯托夫效应的启发是可以通过突出重点的方法促进记忆。要借助这一效应来实现"当下清单"，我可以将此刻正在做的活动明确地写到一张纸条上，放在眼前。如果严格按照番茄工作法套用的话，我可以在"今日待办"表格上，用荧光笔标注当前活动，当活动完成后，再用黑色笔划掉它。

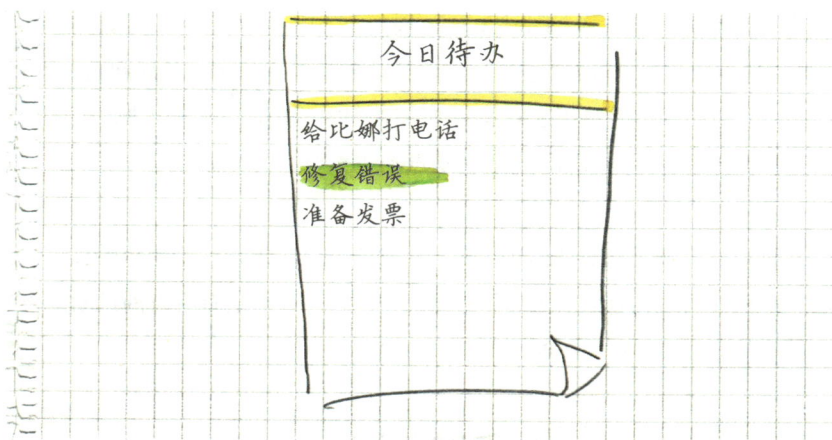

今日待办

给比娜打电话
修复错误
准备发票

间歇

当厨房定时器走到 25 分钟响铃，表示你已经完成了一个番茄钟。这时应该立即在"今日待办"表格的相应活动旁边画一个 ✕，然后间歇一下。时间可长可短，但我是用 3 ~ 5 分钟，完全放下工作，分身出来，也远离其他任何挑战智力的活动。可能会喝点水或想想晚上吃啥。

我间歇的最低标准是，站起来，从我的办公椅走开，至少两步远。一般这样足够消除我对之前工作的思考，还能做一些对肩背有益的运动。像我们这些办公族，每天在单调的位置坐太久了。

间歇之后你要决定是继续进行同一项活动，还是切换到另一项。切换是因为重要程度有所改变，也可能只是因为上一项活动已经完成。

放下

在间歇期间，不允许思考上一个番茄钟或下一个番茄钟的工作。不要打重要电话，不要写重要的电子邮件。让大脑充分吸收过去 25 分钟的脑力激荡。

如果让压力系统一直工作，不借助心智休闲进行调节，一些症状会找上门来。脑干的思考系统会受到影响，边缘系统的感知能力也会受到影响，甚至生物节奏也会遭到破坏。例如会造成失眠。

长期的精神紧张会导致工作记忆能力和集中力下降。由此，工作的快乐变成焦虑，灵感变成敏感，我们还更容易发怒。[1]

---

[1] *Blink*（《眨眼之间：不假思索的决断力》），[Gla06]。

阶段性间歇

除每隔 25 分钟的常规间歇之外，番茄工作法还要求安排时间更长的**阶段性间歇**。我将 4 个番茄钟作为一组，所以每 4 个番茄钟后，我进行阶段性间歇。阶段性间歇通常可以是 15 ~ 30 分钟的消遣。可以利用这段时间来清理办公桌，去一趟咖啡机那边，或者到喜欢的社交网站转转。

你甚至可以看一眼电子邮件收件箱，但是不要开始写任何重要的回信。回复重要电子邮件应当和其他活动一样列入计划。

出于人类好奇的天性，你可能更愿意进行较小型的活动。能够在一开始就看清目标的小型活动，更容易作为承诺。在短期工作中间，用间歇和奖励作为点缀，能促使你全天保持一个可持续的步伐，而且日复一日。

这些间歇是"无忧休闲"的例子，因为在间歇的时候，你知道自己在上一个番茄钟已经达成了目标。更重要的是，一整天你都会保持良好的洞察力，包括在间歇时间。①

① *The Now Habit*（《战胜拖拉》），[Fio07]。

如何在 5 分钟内打个盹

作者：伦佐·布加迪

番茄工作法主张在 25 分钟的时间段内专注进行高质量工作，接着进行 5 分钟的间歇。间歇时间做什么？方式有很多，但主要目标是让大脑充电，并且对之前吸收的知识进行后台处理。因此，你应当抵制诱惑，不要在间歇时间阅读电子邮件、阅读新闻、打电话，不要做会对下一个番茄钟造成额外压力的任何事情。

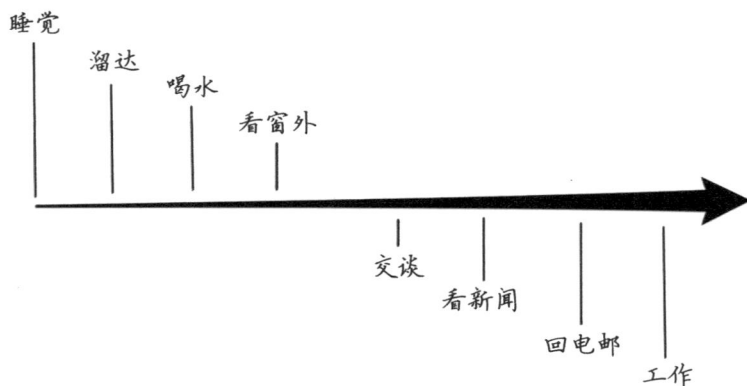

按照以上原则，看着窗外发呆就要比聊天、读电子邮件省心省力。更极端的对比是睡觉和工作。番茄钟期间的目标是专注完成高质量工作，间歇期间的目标则是专注而高质量地进行放松。我曾错误地认为，仅仅看一下电子邮件的主题或者新闻的标题，应该足够放松了吧？通过与 5 分钟深度放松的效果进行比较，我的想法改变了。

理想的间歇，应该是浅睡 5 分钟。我不确定 5 分钟时间可以真的睡着，但你可以训练自己达到真正的放松。经过几个星期的自我观察和实施一些放松技巧，所取得的成果让我非常满意。我发现，一段高质量的 5 分钟间歇可以马上给我足够的能量，以意想不到的轻松状态开始下一个番茄钟。

问题是，如何迅速进入深度放松状态？我是通过以下方式做到的。

(1) 找一张舒适的椅子，在你办公室有张沙发的话会更好。

(2) 间歇一开始就闭上眼睛，身体找到最能放松的姿势。让脖子、手臂、腿完全放松。

(3) 想象有一台光扫描仪：一条明亮的水平线从头到脚缓缓在你身上移动。集中注意力在光带所及之处的全部肌肉上，让它们进一步放松。尤其注意眼睛，仔细地消除眼部的紧张。

(4) 想象有一个巨大的白色矩形物体轻轻地漂浮在空中，如果它消失了，没关系。这只是一个引子，让你放下对之前番茄钟工作的思考。

(5) 当间歇完成后，轻轻睁开眼睛，启动番茄钟，专注，前进。

如果这 5 分钟感觉像 10 分钟，说明你做对了。每次我没有足够放松，代价就是五六个番茄钟后的效率受到影响。我也试过想在 20 分钟或更长的时间里睡一觉。不过真正的睡眠没有带来深度放松的效果。不用说，对高效的番茄钟工作日而言，长间歇和短间歇同样重要。

这一方法适用于安静和熟悉的环境（即人们不会太注意你的地方）。我这种训练借鉴了"多阶段睡眠"中训练身体在短时间进入深度睡眠的步骤。多阶段睡眠是一种让人每天睡眠很少却可以保持精力充沛的方法，令人着迷又害怕。

行程

空闲时间为大脑工作提供燃料。我不会为了完成活动，在响铃之后又多花 5 分钟时间继续工作，那样会减慢我下一个番茄钟的进度。番茄钟一响铃，我只写完现在这个词，顶多再写一个速记纸条，来标记我当时的思路。

行程设置了界限。在计划阶段，你必须要设计出全天旅行的行程。这并不是说要禁止随机应变、修改计划。如果要修改计划日程表，头脑应当处于全局观状态，而不是心流状态。与刚刚从埋头苦干的长期专注中走出来的时候相比，刚刚经过短暂间歇的头脑可以更清楚地做出决策。

确实有形的目标能激励我完成工作。在早晨量力而为地选择一定数量的活动，是我的承诺。努力通过一些较短的周期（番茄钟）来履行承诺，是我的行程。无视间歇，只会破坏承诺，丧失动力。尊重行程，有助于持久地实现高效率。

已完成的活动

于是你现在一个又一个的番茄钟进行下去，每个番茄钟后都跟着间歇。列表中的活动逐个完成，每次有一项活动完成，就在"今日待办"表格上把它划掉。

不要在番茄钟进行的过程中切换活动。如果番茄钟进行一半，你当前的工作已经完成，就用剩下的时间进行"过度学习"。例如我提前做完事情后，就会再回顾一下所做的或重复一下所学的，看看刚才的工作是否可以改进，或看是否能透过字里行间发现新结论……直到番茄钟响铃。

过度学习，指达到熟练程度后，继续学习或练习的行为。马尔科姆·格拉威尔认为，如果我们想要真正精通于某个领域，则必须进行过度学习。他说："一旦一个演奏者进入顶级音乐学校，唯一能使他出人头地的方法就是刻苦练习。就这么简单。还有一点，那些顶级演奏家们，他们练琴比其他人练琴不只是更加努力，甚至不只是更加努力十倍，而是更加努力百倍。"[1]

所以不要一时冲动，在番茄钟走到一半的时候随便切换活动。事实上，光是这个切换的选项横在中间，也是经常性的干扰。也不要在一个番茄钟中间插入间歇，这会让你失去节奏，而且由于停止的番茄钟时间比较短，它所跟踪的数据也无法与其他番茄钟匹配比较。

---

[1] *Outliers: The Story of Success*（《异类：不一样的成功启示录》），[Gla08]。

抽象时间单位

假如没有番茄工作法，而你总是有很多任务要做，你的同事或客户也需要知道这些任务未来完成的时间。这常常会产生问题。

你预测了一件事要花多久，然后发现自己的猜测被当成了承诺，这真让人郁闷。问题是你也不知道某活动到底需要多久，而且一旦之前的预测没有兑现，你还要受罚，让客户失望都算轻的。焦虑降低了动力和生产力。

如你所知，在番茄工作法中，1 个番茄钟等于 25 分钟的努力。这是一个不可分割的抽象单位，是一段"一视同仁"的时间。你的基本承诺是，花上 25 分钟，尽可能地努力做好。在这段时间内，关键不在于当前活动是否能在当前番茄钟内完成，关键是在这一刻你尽了全力。

这能有助于客户和同事了解你的工作进度吗？当然不能。我只是说，在番茄钟内，你应当只关心这 25 分钟，而不是整个活动何时完成，这有助于你完成工作本身。

清晰可见的时钟数字，从 25 倒数到 0。25 分钟后，你获得内在奖励，画下一个 ×，停下来进入无忧休闲的时间 ①。番茄钟让你感到奖励就在眼前，而且你与最终目标越来越接近。

———————————————

① *The Now Habit*（《战胜拖拉》），[Fio07]。

记录和处理

结束了一天的工作，你要马上进入记录阶段。首先，将你的原始跟踪数据复制到"记录"表格。

所跟踪的内容取决于你希望看到什么。刚开始使用番茄工作法时，只跟踪每天完成的番茄钟数就好。所以表格第一列可以是日期，第二列是番茄钟数，每行代表一天，同一张"记录"表格要用很多天。

这些跟踪数据可以显示出你的工作方式，而且有助于提高生产力。为什么我在工作上下了这么多功夫，但完成的活动这么少呢？可能是因为我顺利完成的 25 分钟时间段太少。这是好还是不好呢？也许是好事，因为我可以花很多时间去帮助别人做事。无论如何，现在我有一个解释，而且这个解释是实事求是的。

记录阶段之后是处理阶段，就是让这些抽象的数据变得言之有物。例如，你可以计算平均每项活动花费的番茄钟数。如果数字很大，你就要试着拆分活动，使之由更小、更易于管理的部分组成。你也可以计算一项活动在"活动清单"表格停留的平均时间，即从记下该活动到它得到处理的时间。计算结果也写在"记录"表格上。

自己动手：记录

拿一支笔、一张纸、番茄钟，还有你的工作日程表。把书签放在这一页，扭启 3 分钟的番茄钟。在纸面顶端写下标题"记录"。

看看你的工作日程表有多少项目是安排在昨天的，例如办公室会议等。在第一行填写昨天的日期，日期右边填写项目个数；在第二行填写前天的日期和数据；继续回溯之前的时间，直到番茄钟响铃。然后回来读这本书。

看看你的"记录"表格，算一算你每天平均安排了多少事。结果比你想的多了还是少了？你觉得日程表里的事应该更多还是更少？

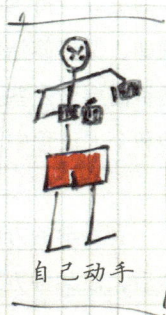

记录

2009.09.27　　4
2009.09.26　　3
2009.09.25　　0

自己动手

持续改善

日文汉字"改善"（kaizen）的意思是"持续改善"，即随着时间的推移，让好的更好。持续改善是一种工作方法，是以改进为目标，逐渐发生变化。例如，保持简洁应该成为你的日常工作的一部分。你应该每天问自己：我是否需要做一些更小的活动？我是否遇到经常性的困扰？在我的标准化活动和个人流程中，是否有不必要的开销？

使用一套科学的方法有助于提醒我改进工作。首先，我将一个做法标准化；然后，以某种方式测量标准化的做法；之后将测得指标与需求进行比较，也许为了满足需求，我不得不改变做法；然后，再次进行测量；最后，将新的、改进后的工作方法标准化。

举个例子。我打算将工作周期设为 40 分钟。于是我反复测量一天可以完成多少个周期，然后将数字与我的预期进行比较，结果发现实际完成的周期数太少，所以我决定将周期的长度缩短为 25 分钟。

记录跟踪数据，在每天结束的时候进行分析，是一种自我观察的做法。在分析的基础上改进方法，是以自己为起点进行的增量升级。[①]

---

① *5s Kaizen in 90 Minutes*（《90 分钟 5S 改善》），[Sco08]。

此时此地

　　番茄工作法的特性之一是自我调节。每一次失误都可以转化为一次认识。在一天结束的时候专门分配一段时间和一些空间来进行每日回顾，以定制属于自己的个人流程。对于我来说，我的个性化流程就是一套"因地制宜"的习惯，以适应当前的活动类型、我的办公室、队友或者其他环境因素。

　　较短的执行周期和每日回顾，收缩了我当前重点事务的范围。在番茄钟内，我不关心过去和未来。我有通盘考虑全局的时间：在早晨做计划时；在每个番茄钟之前分配优先次序时；在一天结束，进行记录、处理和可视化工作时。

　　每天要有一个承诺：一个番茄钟，一个活动，一个目标。

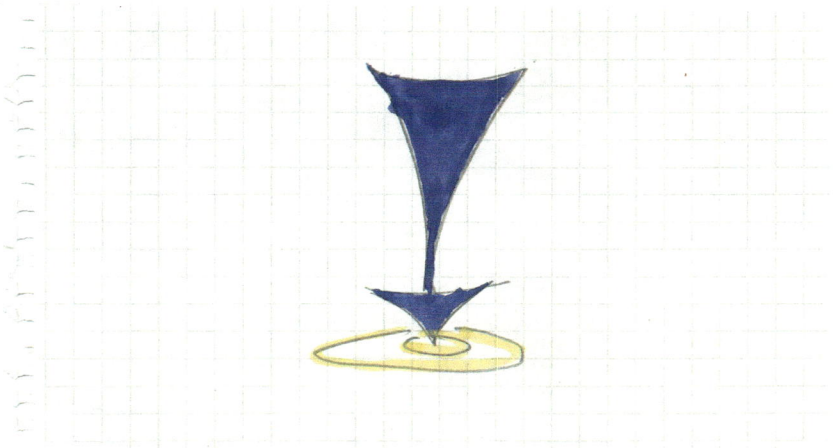

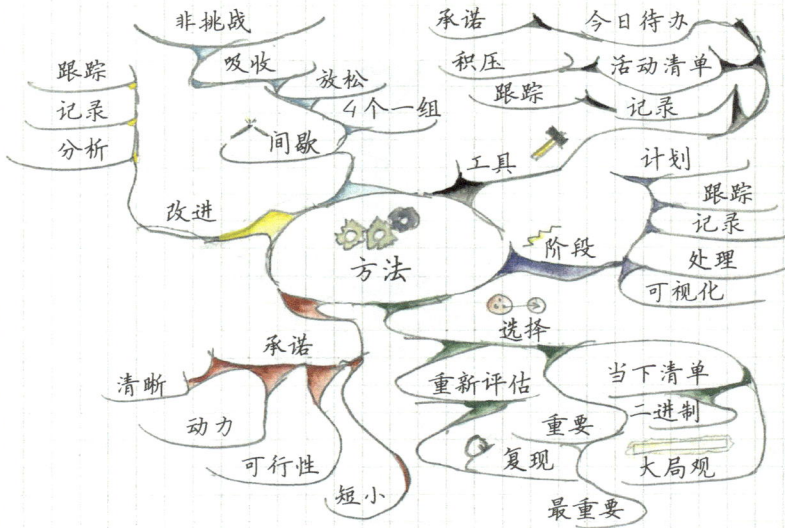

问自己：方法

- 你是否有过一个长长的工作清单并深受其害？
- 你的精神奖励是什么？
- 哪种计时器适合你？
- 你在工作当中多久有一次间歇？
- 你会在什么时候对工作习惯进行反思？

第 4 章

中　　断

在番茄钟时间内不应该切换活动，也不应该停止当前活动，但是无法控制的中断怎么办？接到一个电话，想起一些急事必须得做，或者要去洗手间怎么办？番茄工作法也不能将我们高高挂起，免去所有这些中断和干扰。但在本章中，你将学习如何以合理、有效的方式处理它们。

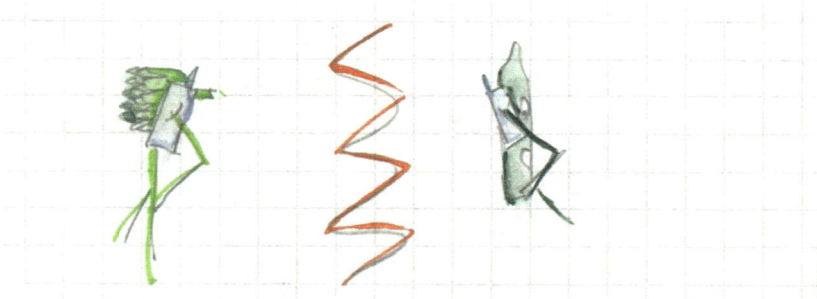

黄瓜和洋蓟通电话

黄瓜：嘿！阿蓟，晚上一起去酒吧喝点儿？

洋蓟：行……吧。不过得看……

黄瓜：看什么？

洋蓟：等一下，我刚收到一封邮件……

黄瓜：要不然就改天。

洋蓟：就今天吧，去酒吧是好主意，只要……

黄瓜：啥？

洋蓟：你收到文件了吗？

黄瓜：什么文件？

洋蓟：对不起啊，瓜哥。我刚才跟同事说话。你问我什么？

黄瓜：没事了。我不知你那边什么情况。算了，我明天再打电话吧。注意心情！

洋蓟：OK！有事没事常联系啊。

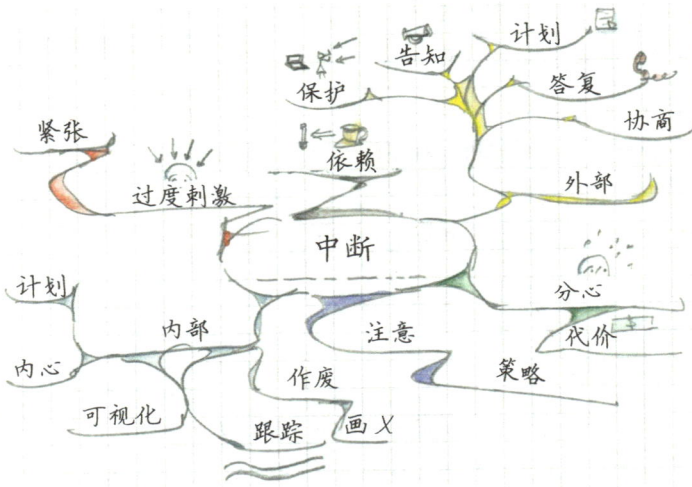

学会坚持

电子邮件和电话很容易对付：把它们关掉。

现在你已经知道在番茄钟时间内，不应该切换活动，也不应该停止当前活动。可对于那些无法控制的中断，我们应该怎么办？接到一个电话，想起一些急事必须去做，或者要去洗手间，这时要怎么办？番茄工作法也不能将我们高高挂起，免去所有中断和干扰。不过在本章中，你将学习如何以合理、有效的方式处理它们。

注意力缺乏症候群

美国的一份研究显示，员工在办公室上班时，大约每 3 分钟就会被打断一次工作。这份研究还表明，人们在电脑屏幕同时开启的窗口数，平均为 8 个。精神病学家爱德华·哈洛威尔创造了名词"注意缺乏特征"（ADT）来描述这种恶劣的现代生活方式。滚滚而来的信息洪流将大脑淹没在其中。

想象一下如下场景。当你开始新的一天，正在整理新收到的电子邮件，IT 部门来电话催你马上填一些表格，然后一位同事来到你的房间，询问工作上的事，与此同时，你接到电话，需要立即提供一些会议所需的资料……

心理学和脑科学研究的新发现表明，并行处理和应对干扰的能力都面临同样的瓶颈：工作记忆的容量有限。每一次干扰都会使我们的大脑工作台上的原始信息丢失。当注意力丢失时，找回它要付出昂贵的代价。[①]

---

① *The Overflowing Brain*（《超负荷的大脑：信息过载与工作记忆的极限》），[Kli08]。

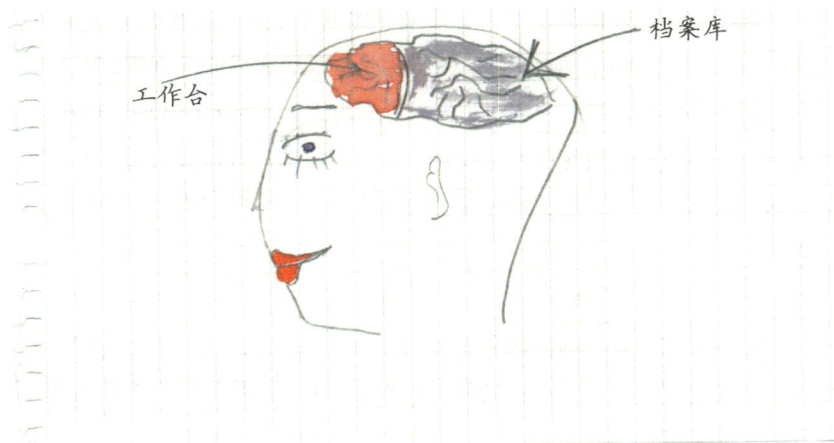

档案库

工作台

避免 LIFO 和 BPUF

中断是常态。新的需求不断冒出来。如果你总是在追赶已知的需求，最终所有长期活动都要排在末席。这样你永远没法完成任何事情，因为最后进入的一件事总是第一个解决，即后进先出（Last-In-First-Out，LIFO）。再者，由于不断地被迫花精力接收和评估新的信息，所以活动无法正常进行。这会把你带入一种慢性精神过度刺激状态，进而增加压力，影响工作成果。

与之相对，还有一种做法是大计划先行（Big Plan Up Front，BPUF）。你在新年夜坐下来，拿出一支笔和一张纸计划未来：首先写下 1 月 1 日要做什么，然后是 1 月 2 日、3 日、4 日，依次类推，直到 12 月 31 日。这之后，你买来成箱的火腿肠和方便面，把自己锁在地下室里，开始为期一年的工作。我们非得这样来拒绝周围的变化吗？当然不是！

这里还有第三种选择。既接受改变，又给你专注于履行承诺的时间，并且这种做法是可迭代的。接下来我会详加说明。

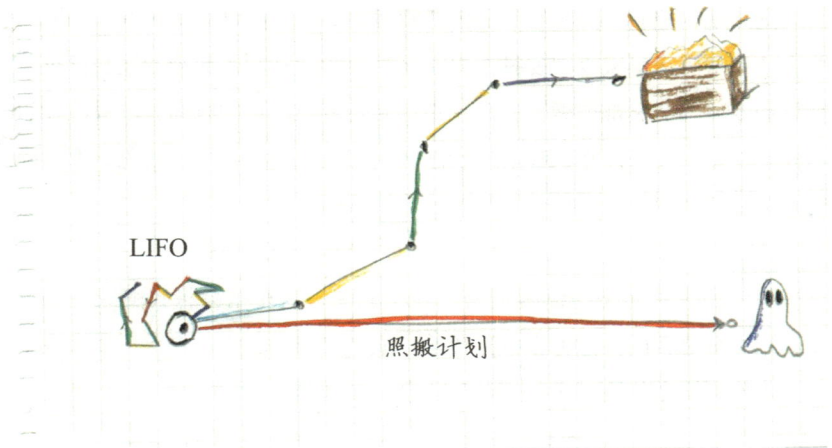

LIFO

照搬计划

可持续发展的步伐

全局观、控制力是与心流和创意相对立的。我们没法在纵览大局的同时专注细节。尽量减少"安排优先次序"的活动有利于保持专注。但纵览大局和专注细节你都要做到，而且你也需要定期休息的时间，以吸收知识和恢复能量。你可以在三种心理状态之间切换，扮演不同的角色，那切换的开关是什么呢？

我使用三顶帽子：休闲帽是一顶小丑帽；工作帽会将我变成一头狮子，用百分之百的注意力去狩猎羚羊；战略帽用来决定优先次序以及在下一个工作周期做什么，让我感觉自己像一位国王。

我戴着休闲帽来上班；之后换上战略帽，选择将要专注进行的活动；然后换上工作帽，扭启番茄钟，全力以赴；25分钟后番茄钟响铃，提醒我换上休闲帽；经过短暂间歇后，我再次戴上战略帽。依此类推。

这样将专注、排序和间歇的时间段交错安排，你可以保持一个可持续的步伐。

时间限制、短期进展与保护周期

中断策略

即使一个番茄钟只有 25 分钟，也会有干扰将我们所专注的工作打断，迫使我们为环境切换付出代价。但番茄工作法不是那种只能用于闭关修炼的法门，相反，它可以提升协作环境中的个人技能。

如果有一种策略能有效控制中断，那么它就可能减少中断的数量，某些情况下它还有助于你继续当前的活动，但不绝对。

番茄钟期间的中断有以下两种形式。

- 第一种是自己造成的"内部中断"。具体来说，是直觉向心智发出信号，告诉自己去做当前专注活动以外的事情。
- 第二种是别人造成的"外部中断"。有人找你询问或请你帮忙，并且等你答复。

对于这两类中断，番茄工作法都有相应的处理策略。接下来会详细说明。

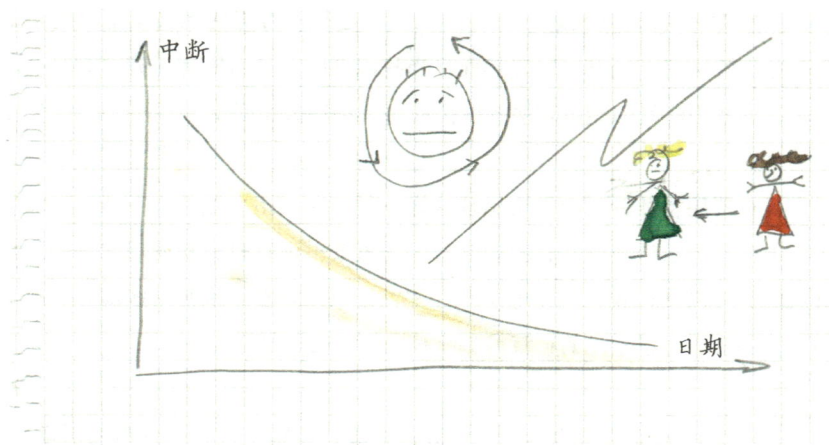

内部中断

虽然 25 分钟时间很短，但番茄工作者还是不可避免地会惦记其他重要任务，特别是在刚开始时。然而，当我们真的罗列出所有任务、纵览全局时，那些当时看似刻不容缓的事情往往又不那么显眼了。

我在使用番茄钟时经常会出现这样一种情况：扭启番茄钟，开始专注于一项活动，然后我饿了；我想起有一个重要电话要打；我还想看一眼我喜欢的社交网站；我还得读电子邮件并且赶快给答复。说起这些随心所欲的事，还没提到最常见的：我的咖啡杯空了，得去加满。

这些都是来自内部的本能。要做这些事，显然是打算拖延当前活动。也许我觉得当前的活动过于复杂或不够重要；也许我担心成果的质量，以及接下来要面对的指责；也许在彻底弄清整件事如何完成之前，我不想开始。总之，以上这些干扰会妨碍我完成番茄钟并画下 ×。下一节介绍如何将这些中断纳入控制。

接受、记录并继续

例如，在一个番茄钟内，我忽然想起要打电话订票。之前答应过妻子要预订柴可夫斯基《胡桃夹子》的演出门票。我是否应立即拿起电话就拨？不。我继续我的流程——遵循番茄工作法。如果要减少中断，我首先得实事求是，每天遇到多少次中断，是哪种类型的中断。这些应当明确可见。

我没有马上打订票电话，而是在"今日待办"表格下方填上一行"打电话订票"。实际上，表格的下半部分已经分出来，在计划内的承诺活动下方，有个标题叫作"计划外紧急"。打电话订票是计划外事件，而且似乎也很急。

然后，在"今日待办"表格当前活动的右边，我画了一个撇号（′）。这是为了做跟踪。撇号代表一次内部中断。在一天结束时，我可以计算撇号的数目，采取对策。这个数字可以显示我所遇到的中断次数，它是冷峻的现实，并不只会带给我一种因忘记做一些事情而产生的慌乱感。之后，我下定决心，决定完成当前的番茄钟。

现在我们再看一下出现内部中断时要采取的策略：首先接受它，然后记录它，之后立即继续你手头的工作，避免真的被打断。至于咖啡，在番茄钟期间我想喝多少都行，但只在番茄钟之间的间歇时间去续杯。

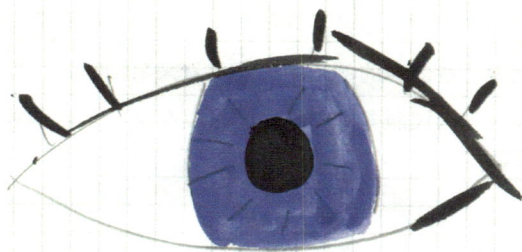

扭转依赖

要对付内部中断，最佳策略是可视化、接受，然后将其纳入计划或删除。前面提到了，切勿在番茄钟期间切换活动。规则是一旦番茄钟启动就必须走到响铃。在前面的例子中，直觉看来事情很急，但退一步看，订票中心就是随时为人民服务的，我完全可以在下一个番茄钟再订票，不必打断当前番茄钟。

假如没有这一策略，我要想取得工作成果，就不能立即屈从于任何本能的反应。现在，当我想到有些事需要去做，我就写下来，不让它占我的脑子。稍后，我可以将这件事安排到下个番茄钟，或者明天。换句话说，打电话订票这件事现在我可以放在日程表里，而不是放在脑子里。这样我的本能和突发奇想，要受我的日程表的约束。这样就"扭转"了依赖。

顺便说一下，如果打电话订票这件事一开始就没打算今天办，我会直接把它写到"活动清单"表格中，在它左边加一个"U"，表示这是计划外事件（unplanned），并且标一个最后期限。

原子性

　　某些内部中断是没法阻止的。急着去洗手间的时候就得去。如果去之前你看了一眼时间，当前番茄钟还剩 10 分钟，那回来后还能继续完成剩下的部分吗？答案是不行。

　　番茄钟具有原子性，不可分割。它是这套流程方法中最小的“货币”单位。如果任务被放下了，无论是暂时的还是长期的，当前番茄钟都必须作废。它就不能算数了，你也不应该画 ✕。你得扭启一个新的 25 分钟番茄钟代替它。如果需要，可以先间歇一下再开始。

　　为什么不将几小段加起来算成一个番茄钟？因为这样就失去了节奏，你会很容易屈服于中断的诱惑。作废番茄钟意味着失败吗？不是的。“完成的番茄钟数”不是拿来衡量工作能力的，没有这个标准。它只是记录你所付出的 25 分钟连续的努力，这 25 分钟是不可分割的。你可以实事求是地利用这个数据来改进第二天的工作流程。

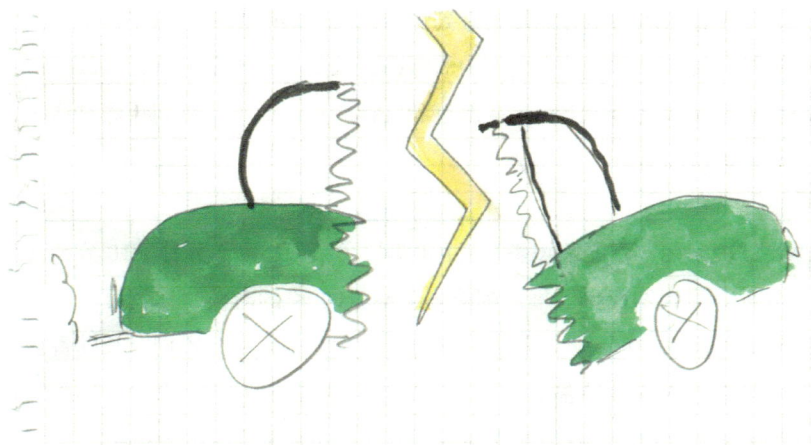

内部中断滚滚来

　　番茄工作法的初学者经常会感到惊讶，自己实际在一天内完成不了几个番茄钟。想自己作弊，对内部中断睁一只眼闭一只眼是于事无补的。记录跟踪数据，就是为了进行自我改进和流程改进，而不是留到年底拿这些记录跟老板谈加薪。

　　要解决问题，首先缩短番茄钟的时间，尝试改为 15 分钟、10 分钟甚至 5 分钟。等到发现自己每天都能画下不少的 × 的时候，你就可以延长番茄钟的时间到 20 分钟，最后到 25 分钟。但是请记住，不同时长的番茄钟互不兼容。对 5 分钟番茄钟的 × 和 25 分钟番茄钟的 × 来说，你跟踪的数据无法相互比较。你应当保持较短时长的番茄钟至少两个星期。

　　你还可以跟踪在每个番茄钟内，多长时间遇到第一次内部中断。尝试比在上一个番茄钟内专心得更久一点点。跟踪这项数据也可以帮你设定适合自己的番茄钟时长，避免被打断。

第 1 个番茄钟　　　　　　　　　第 2 个番茄钟

外部中断

　　除了内部中断，我们的生活中还会有来自外部的中断。比如：一位同事跑来问你工作上的事；有人过来和你谈论些大众话题，"哥们儿，看阿凡达了吗"；一位老朋友来电话要叙叙旧；项目领导有份报告，需要你帮着做一些预期；最常见的一种是，电子邮件软件叮咚作响，总是提醒你有新邮件。

　　你在试图专心完成一个番茄钟工作期间，常常会被这些事打断。但如果想在河流里生存，就得跟鳄鱼搞好关系。简单粗暴的对待方式，只会让外部中断变成烦恼。

　　外部中断具有互动性。有人正在等你答复。他们试图阻止你画 ×，而你需要一个策略来减少中断。不过，值得再一次强调的是，别把番茄工作法当成拒绝帮助同事的理由，它可不是专门给古墓派闭关修炼用的。

保护番茄钟

外部中断要抢走你的注意力，而你要保护番茄钟，将注意力留给所承诺的工作。你承诺在 25 分钟内专注于一项活动。但是，当有人过来谈论你喜欢的电视节目，你总不能永远都回答："对不起，我正在番茄钟里。待会儿再说，行吗？"

因此，我们必须"扭转"番茄钟和中断之间的依赖关系。处理电子邮件和电话很容易，你可以将其关闭。发电子邮件的人不会期待在 25 分钟内就收到回信。每半小时，在戴上战略帽进行工作排序之前概览一下收到的新邮件标题（但不要阅读全文，尤其不要回复），这已经足够了。电话留言的处理方式一样，只是回信变成打电话而已。当然，回电子邮件和回电话，要作为番茄钟活动来安排，而不是在间歇时间进行。

假如有人找你面谈，在不影响结果的前提下，可以请求对方尽量推迟。对你的同事来说，你今天答复还是周五答复，结果可能是一样的。在对方接受的范围内，建议他尽量往后安排。用稍后的番茄钟重新计划中断事件，而不要在当时直接处理，这样做好处多多。

可视化然后强化

外部中断应当明确可见。如果想要减少中断，首先得实事求是，弄清所遇到的中断的类型和数量。

每遇到一次外部中断，就在"今日待办"表格里添上中断所要求活动的标题。写下来，不让它占脑子，而且确保你会在未来的计划中把它考虑进去。如果你今天不打算处理这个新增的活动，就把它写入"活动清单"表格，标上截止时间，以及一个"U"代表"计划外"，否则就把它写入"今日待办"表格下半段的"计划外紧急"区。

然后在"今日待办"表格当前活动右边画一个减号（－）。

最后，增强决心来完成中断前你正在进行的番茄钟。

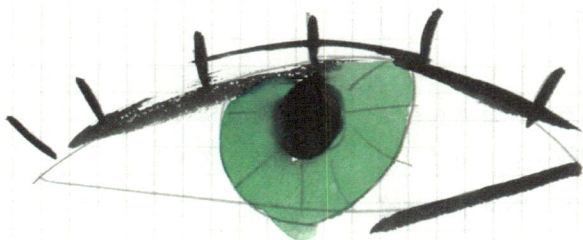

作废

　　某天，八九个人突然出现在我的办公桌前。很明显，团队里每个人都有事找我。

　　队友：你最近在存档中签入了新代码吗？
　　史蒂夫：那得看这个"最近"是怎么说了。
　　队友：不到 5 分钟前。
　　史蒂夫：嗯，没错，应该是我。出问题了？
　　队友：老大，你让我们都歇菜了。刚才签入的代码没法编译！

　　当时那个情景，再告诉他们"我在番茄钟里，欢迎明天再来"就不对了。显然，他们的要求合情合理，刻不容缓，我更应该作废我的番茄钟。帮助他们后，我间歇了一会儿，然后扭启 25 分钟番茄钟，又开始专注起来。

外部中断策略

总之，应当明确外部中断的类型和数量。通过画减号和写下所要求的活动名称来跟踪记录每次中断。

处理外部中断的策略，由以下四步组成。

(1) **告知**："我手头有事，正忙。"

(2) **协商**："周五再帮你做，行吗？"

(3) **计划**：写下活动名称，稍后为它计划未来的番茄钟。

(4) **答复**：按照承诺回电或答复，不然的话，下次别人就没法信任你了。

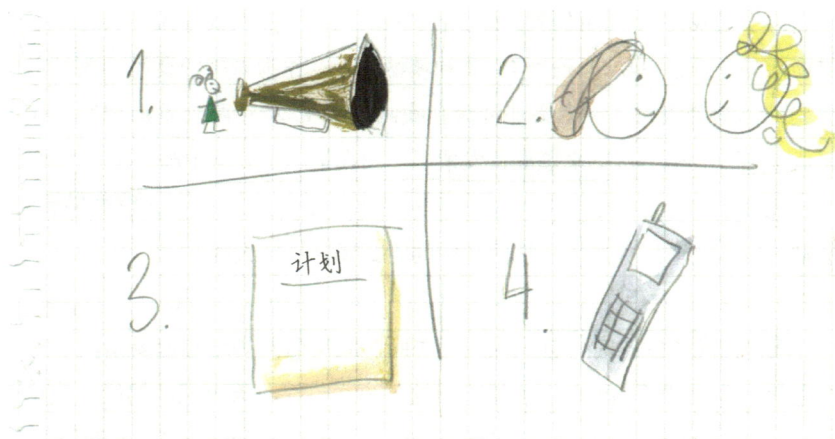

1.　2.　3.　计划　4.

中断标记

以下是我使用不同的符号来标记中断的例子。假设我今天早晨选择了三项活动：准备发票、领达尔文奖和填纳税表。作为老牌的良民，我肯定优先处理纳税表格。一个番茄钟后，我画了一个 ×；两个番茄钟后，我完成了纳税表格，接下来该准备发票了。我在第二个方框中画了个 ×，因为又完成了一个番茄钟，同时在"今日待办"表格中划掉了"填纳税表"活动，因为它已经完成了。那图片中的①②③又是什么呢？

① 在准备发票时，有一次内部中断。我莫名其妙地想起要给埃达打个电话。我在"活动清单"表格记下这件事，打算改天再做。然后，我在"准备发票"标题右边标了一个撇号。在一天结束时要汇总这些跟踪数据。

② 在填纳税表的时候，比娜打电话给我。我告诉她我正在忙，问能不能稍后给她回电话。这是一次外部中断，所以我在"填纳税表"右边画了一个减号。同样，这一跟踪数据要留到今天结束时汇总。

③ 画减号后，我也在"计划外紧急"区写了"给比娜打电话"。

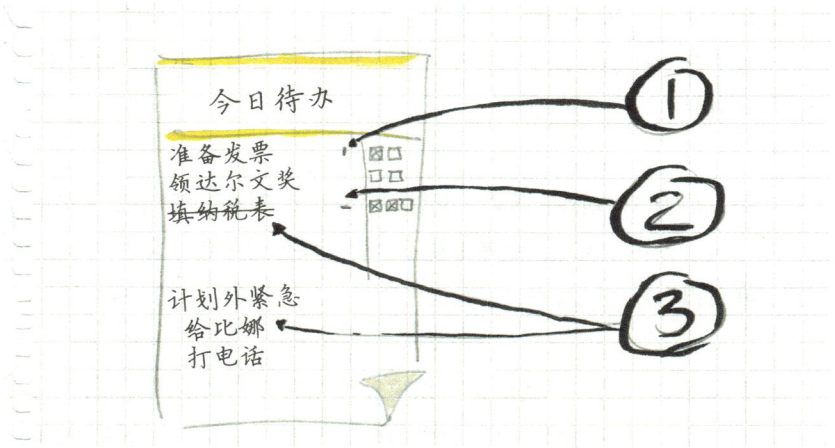

今日待办

准备发票
领达尔文奖
填纳税表

计划外紧急
给比娜
打电话

认清界限

我的"活动清单"表格中，有多少处计划外标记（U）？我的"今日待办"表格中的"计划外紧急"区有多少项活动？观察这些指标，可以评价自己的计划能力。

如果有很多"计划外"活动，说明在早晨计划阶段我漏掉了很多事情。这就是"定性预估"误差，我考虑得不全面，没想到还要做这些。第二天早晨，我可以更仔细地检查，看是否把所承诺的一切事情都考虑到了。

在各个番茄钟之间，我们都可以重新评估排序事情的优先级，这没什么不对。但在早晨选择一些活动，傍晚时却发现，今天所完成的活动大部分不是早晨选的，经常这样的话，计划阶段就不会有做出承诺的使命感。如果没有承诺感，那么在做当天总结时，你会觉得只有苦劳，没有功劳。更重要的是，这样一来，"活动清单"和"今日待办"表格之间就没有区别。两张表都包括了一堆事情，都是今天"可能"要做的。

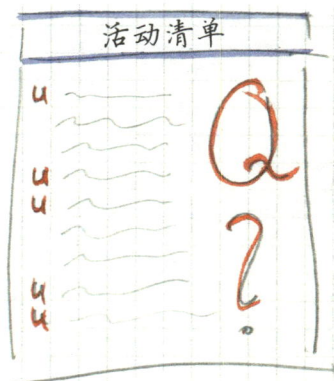

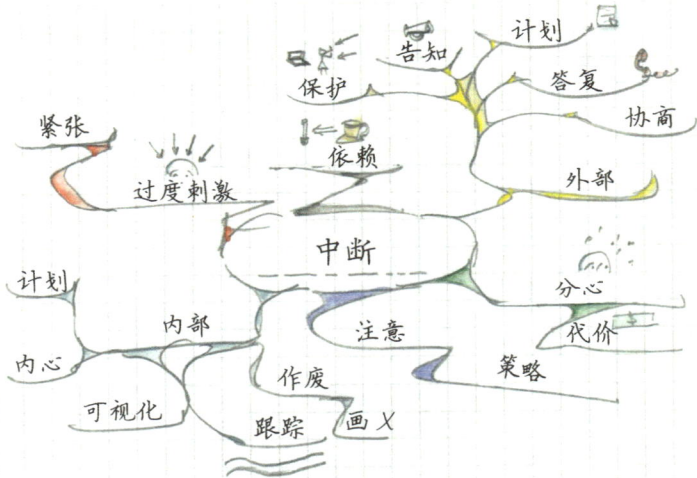

中断

计划
告知
保护
答复
协商
外部
依赖

紧张
过度刺激

分心
代价
策略

计划
内心
内部
注意

可视化
作废
跟踪
画 X

问自己：中断

- 你在工作中经常被哪类中断困扰？
- 当有人拿毫不相干的问题烦你的时候，你会怎么做？
- 你如何保存灵光一现的新想法？
- 你在什么时间没法专心做事？
- 你总是能够记得按照承诺答复对方吗？

第 5 章

预　　估

预估和测量在番茄工作法中必不可少。如果没有它们，每天要做计划是很困难的。番茄工作法要求花时间做回顾，这样才能不断改进，继往开来。设法将你"认为自己能做的"与"实际做到的"相对应。跟踪和记录是番茄工作法中的测量方法。在本章中，我们谈谈如何做预估。

黄瓜和洋蓟在赛马场相遇

洋蓟：五号能赢。

黄瓜：你怎么知道？

洋蓟：上周我在这里看见它赢了的。

黄瓜：它在今天的比赛中和上周跑得一样吗？

洋蓟：那可不一样。每场比赛都是独一无二的。

黄瓜：那今天就不一定啊。它可能会中途受伤，或者发挥不好，它这次的对手也可能比它快。

洋蓟：当然。

黄瓜：所以，你不能保证五号能赢。

洋蓟：不是保证，我只是猜。基于我现在知道的情况，这是最接近的猜测。

黄瓜：这也不是确定的事情，对吧？

洋蓟：对，就是猜猜而已嘛，根据经验嘛。

经验

番茄钟数

流量

一致性

可行性

流量

新知识

记录

每日承诺

动机

重新评估

预估

小框

清单

预估

单元

原子性   番茄钟   低估

≥1   ≤7

圆圈和三角

合并

测量和猜测

对未来成果的预估，基本上属于猜测，所以为什么不充分利用历史数据，假设它会重演呢？

预估和测量在番茄工作法中必不可少。如果没有它们，每天做计划是很困难的。番茄工作法要求花时间回顾，这样你才能不断改进，继往开来。设法将你"认为自己能做的"与"实际做到的"相对应。跟踪和记录是番茄工作法中的测量方法。在本章中，我们谈谈如何做预估。

"活动清单"表格中的预估

　　承诺是番茄工作法的核心。"今日待办"表格是每天的承诺。所选出的活动应当具有可行性。工作的总量应当是你通常在一天之内能完成的。

　　如果事前预估与实际所花时间经常不一致，有以下两种可能的原因：

- 做预估的方法或能力有待改进；
- 工作开始后，又出现新情况、新问题，使得环境发生改变。

　　你无法预言会出现什么新情况、新问题，但可以通过训练和监控，积累做预估的经验和技巧。每天早晨，在计划当天活动之前，检查"活动清单"表格中的每一项新活动，试着预估它们各自需要多少番茄钟来完成。你还可以快速浏览一下之前做出的预估，看看要不要修改。

　　例如，我将预估番茄钟数写在"活动清单"表格每个条目的右边。当然是用铅笔，这样如果我稍后遇到新情况，想要调整预估值的话，数字还可以修改。

活动清单

4
2
3
2

群体的智慧

詹姆斯·索罗维基在他的《群体的智慧》一书中写道：在一个郡县里，全体社区成员对一头公牛重量估测的平均数十分接近真实值，甚至是相当准确的。而这个平均数，要比大多数成员各自的估测值更接近牛的真实重量。为什么呢？如果人群里包括这方面的一些专家，那么每个人都会增加一些知识，他们的误差总和趋近于零。[①]

心理学家爱德华·福欧的一个实验表明，一个人做多次猜测的平均结果比单次猜测的结果更接近事实结果。他询问人们各种琐事。在没有告知答题者的情况下，某些问题稍后会重复提出。他注意到，一个人的多次回答的结果的平均值，要比单次猜测的结果来得准确。为什么呢？认知来自统计推断。试图回答一些琐碎的问题，让我的头脑中充斥着多种可能的答案。每次我的回答都不自觉地从这些答案中选择一个。所有答案的平均值接近完美，但其个体差异则远大于零。[②]

这就是群体的智慧，比任何单人的单次猜测都强大，而通过反复对情况进行评估，你也可以做出你自己的"群体智慧"。你一次又一次地给出新的猜测，即使没有新的情况出现。

---

① *The Wisdom of Crowds*（《群体的智慧：如何做出最聪明的决策》），[Sur05]。

② *Go ahead, Change Your Mind*（《来吧，换换脑子》），[Bra08]。

活动的规模

计算预估的"货币"单位是番茄钟。要完成某项活动，需要花多少个番茄钟？预估值 4 表示一项活动预计从开始到完成需要花费 4 个番茄钟。因为番茄钟具有原子性，所以不能使用小数，如 1/2 或 2.2 个番茄钟是不行的。

假如一项活动预估超过 7 个番茄钟，那就说明它太复杂了。我们需要拆分这项活动。拆开的每项小活动在"活动清单"表格中单独占一行，各自有预估值。活动越大，预估越不准。

如果一项活动预估不够 1 个番茄钟，则可以在它旁边标个 0。并不是说它要花 0 个番茄钟来完成，这只是表示时间花费小于 1 个番茄钟。这样的活动在"活动清单"表格中仍然各自占一行。

稍后在选择活动填入"今日待办"表格时，可以将几项这样小于 1 个番茄钟的活动合并到一起，将它们写在同一行，当作一个活动来对待。

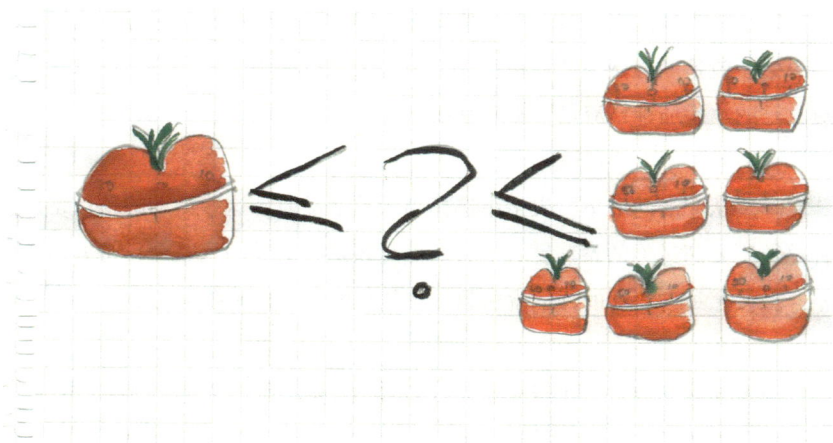

选择

以预估为基础来进行计划，使得当天的自我承诺更真实可行，这样的结果之一就是增强做事的积极性。记录每天完成的番茄钟数目，可以让你对自己的"番茄钟日流量"心中有数。

早晨从"活动清单"表格中选择当天的活动时，这些活动的预估番茄钟总数不要超过你的番茄钟日流量。然后将这些活动写入"今日待办"表格，并按照每项活动的预估番茄数，在其右侧画上相应数量的小方格。

当番茄钟响铃时，在当前活动右侧的小方格里画一个 ×，表示你已经为这项活动花了 25 分钟时间。

这时可能会发生三种情况：之前预留的小方格已经填满了，但是活动还没完成，这种情况是你"低估"了该活动；小方格还没全填满；刚好全填满，活动也完成了。如果是后两种情况，就在"今日待办"表格中划掉该活动。

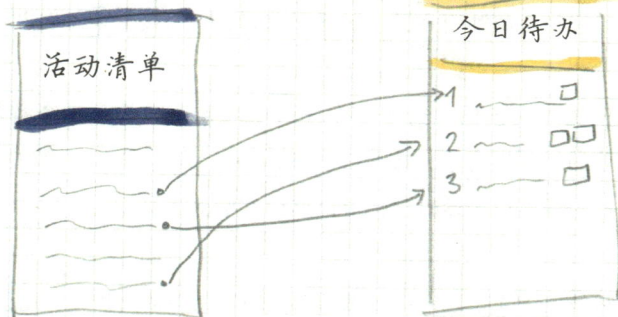

定量预估误差

　　如果活动完成之前，小方格都填满了，即本来预估这项活动需要若干番茄钟，但这些番茄钟用完了，活动还没完成，那接下来怎么办？

　　这时要做二次预估。猜测要完成这项活动还需要多少个番茄钟。然后，在之前的小方框旁边，按照二次预估的数目画上相应个数的圆圈。现在，每个番茄钟结束响铃时，你可以继续在圆圈里画 ×。

　　如果圆圈也用光了，你可以做三次预估，也是最终预估，用三角表示。按照预估的数目在圆圈右方补充相应数量的三角。

　　如果三次预估的数目还不够完成活动，那真是有点失败了。你得分析一下，为什么自己一次又一次反复地低估这件事？也许应当将活动拆开，降低复杂度。按照常理，活动越复杂，预估越不准。

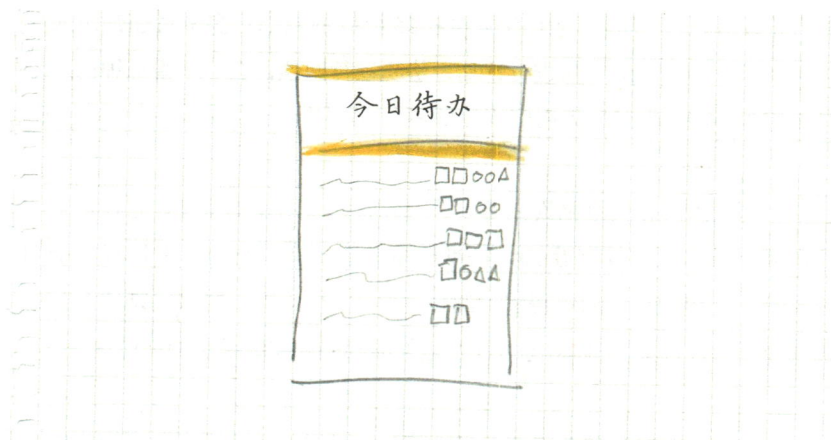

昨日的天气

你现在已经知道，一个番茄钟是 25 分钟的周期；多个番茄钟组成更大的每日周期；每天早晨进行计划，傍晚进行回顾；在一个番茄钟内，专注于单个活动。但是一天内应该计划多少活动呢？

一家气象局花费巨额资金建立了一套新的天气预报系统，它包括了所有的新兴技术，并具有近 70% 的准确率。于是有个聪明人来挑战这个超级系统，他用的算法简单得多，叫作"昨日的天气"，内容就是"明天的天气和今天差不多"。你猜怎么样？他的准确率和超级系统的一样高。

对未来成果的预估，基本上属于猜测，所以为什么不充分利用历史数据，假设它会重演呢？如果每天的成果可以量化，它就大致相当于你未来的处理能力。通过测量每天的番茄钟数，你甚至可以不断对番茄钟数进行微调，来保持一个平均速度。[①]

---

① *Extreme Programming Explained: Embrace Change*（《解析极限编程：拥抱变化》），[Bec00]。

记录表格中的预估

在一天结束时，确认你已将跟踪数据填入"记录"表格，然后可以对预估进行记录，给表格增加两列。方法如下。

新增的第一列用来记录今天所完成的活动中，有多少小方格没填满。假设其中一项活动被高估了 3 个番茄钟（+3），有两项活动被高估了 2 个番茄钟（+2 和 +2），还有一项活动被低估了 2 个番茄钟（–2）。这时要把这些数字相加，你会发现"今日待办"表格中预留的小方格比实际用量多了 5 个，即总体预估误差为 +5。

新增的第二列用来记录重新预估的次数。有多少行是画圆圈的，即进行了二次预估？有多少行是画三角的，即进行了三次预估？

我们的目标是让这两列都为 0。不过，由于预估误差的来源之一是不断变化的世界，新问题、新情况不断涌现，所以在预估番茄钟和实际用量之间总会有差异。无论如何，第一列的总和应该是零，即高估与低估的情况互相抵消。新问题和新情况既可能降低也可能增加活动的难度。以长期的眼光来看，这些误差应该能相互抵消。

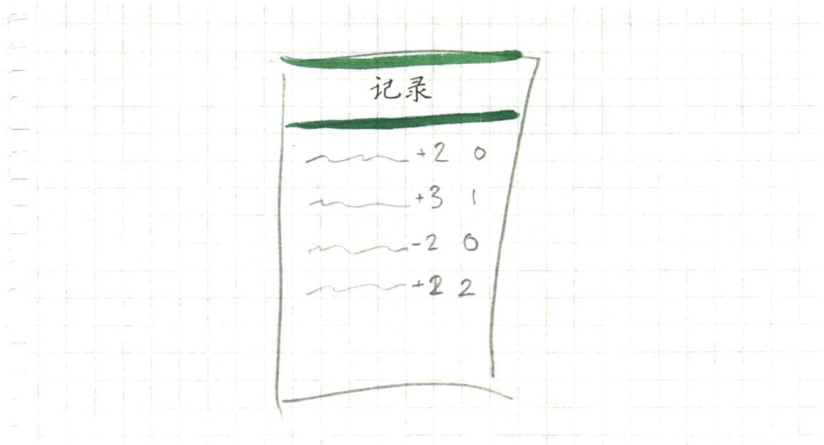
记录
+2 0
+3 1
-2 0
+2 2

鼓－缓冲区－绳子

"鼓"的节奏是你每天所完成的番茄钟数。"缓冲区"是在"活动清单"表格中所有活动的预估番茄钟总数。"绳子"是约束信号，用来控制流程放慢或加快。

绳子一头在你手中，另一头在缓冲区。你可以拉绳子，将新的活动拽到台面上。当缓冲区越来越满时，绳子就松懈下来；当缓冲区变空，绳子就绷紧，这时你拽不出新的活动来了。

有两种极端的情况应当避免，一种是过剩，一种是萧条。出现"过剩症状"，是因为"活动清单"表格里的活动太多了。有些活动可能停留在那里很长时间，没有任何进展。这样一份陈年旧账只会扰乱军心，甚至引你误入歧途。"萧条症状"则相反，指"活动清单"表格里的活动清单很短，可能某天拿出来它甚至是空的。约束理论教你调节活动清单的大小，以避免出现过剩和萧条两种情况。

如果我每天完成 9 个番茄钟，想要有 10 天的缓冲区，那么"活动清单"表格中的预估番茄钟总数应该在 90 左右。如果这个数字大大超过 90，就需要有所取舍了；如果总数比 90 小得多，则还可以加入更多活动。如果我的"活动清单"表格里大部分活动需要与老板或某客户打交道，则可能需要请他们协助，清理或者填充我的活动清单。[1]

---

[1] *The Goal*《目标：简单而有效的常识管理》），[Gol04]。

绳子

今日待办

活动清单

鼓

缓冲区

问自己：预估

- 你通常能按照每天的计划完成工作吗？

- 你是否经常修改自己的预期？

- 要将你承诺过的事情全部完成，你知道需要多久吗？

- 你所预估的活动时间，最长要花多久？以天、小时还是分钟计算？

- 你所预估的活动时间，最短要花多久？以天、小时还是分钟计算？

第 6 章

应　　变

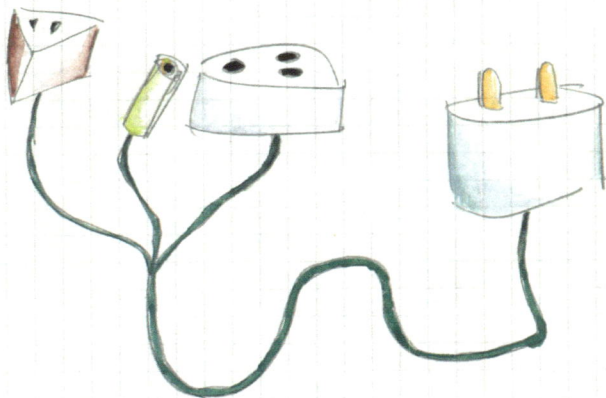

当你了解应用番茄工作法的常规方法之后，可能会有调整它的想法。这就是收集跟踪数据、做每日回顾的目的。但是，请尝试坚持使用常规方法，至少两周内不要做任何改动。你需要亲身经历，以便确切知道哪里适合你、哪里不适合。这一章，我来分享一下自己如何灵活应变进行调整。

黄瓜和洋蓟在电影院相遇

黄瓜：阿蓟！心情咋样？

洋蓟：我从上个星期开始用番茄钟啦，我根据番茄工作法，发明了"番茄皮"①。

黄瓜：啥？……番茄皮是啥呀？

洋蓟：哎呀，我承认自己没有完全按番茄工作法的规矩来，但是……

- 我的工作周期是两小时。我想多做点活儿。

- 对我来说，不重要的活动放在那儿，几周不去管它，也没什么关系呀。一定要分解它们，只会让我的负担更多了。

- 我没有用厨房定时器。非让我严格按照时间段掐表，我觉得心流状态会被打乱。

- 我不会在每天傍晚进行回顾。我觉得我的流程已经在最佳状态了。

黄瓜：你听说过"德雷福斯（Dreyfus）技能获取模型"没？

洋蓟：你是说演《大白鲨》的那个理查德·德雷福斯？

黄瓜：唉，当我没说。我是觉得，你最好坚持原版的番茄工作法，按照它的方法做，至少坚持两周。这样对于哪好哪坏你会有亲身感受，然后再做小的调整。

---

① 这里说的"番茄皮"的原文是 PomodoroButt，借指"ScrumButt"，指组织并未严格按照声称的 Scrum 方法作业，是有名无实的 ScrumButt。判断组织是否是 ScrumButt 的测试，也称为"诺基亚测试"，因为 Scrum 团队最初是从诺基亚西门子通信公司发展出来的。

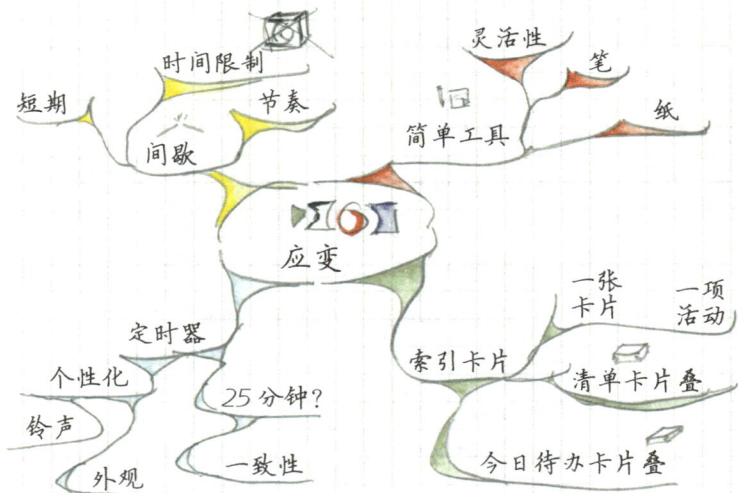

短期

时间限制

间歇

节奏

灵活性   笔

纸

简单工具

应变

定时器

个性化

铃声

外观

25分钟？

一致性

一张
卡片

一项
活动

索引卡片

清单卡片叠

今日待办卡片叠

灵活对待

为了避免每次收到新邮件打断我手头的工作，我可以每天分配两个番茄钟来写回信。

当你了解应用番茄工作法的常规方法之后，可能会有调整它的想法。很好。这就是收集跟踪数据、做每日回顾的目的。但是，请尝试坚持使用常规方法，至少两周内不要做任何改动。你需要亲身经历，以便确切知道哪里适合你、哪里不适合。这一章，我来分享一下自己如何灵活应变进行调整。

简单工具

　　要成功实施番茄工作法，你只需要一枚计时器、一支笔，还有几张纸。尽量让工具简单。

　　"活动清单"表格的内容不要拉得太长，要时时更新，使它能够切合实际。我的"活动清单"表格有 25 ~ 30 项活动的空间。

　　但是几周以后，我的"活动清单"表格就很乱了。这张表填满后，我检查每一个未完成的事项，如果活动仍然有效，我会将它们抄到一张新的"活动清单"表格中，替换掉旧的表格。

　　你可能想到利用电脑软件来对活动进行跟踪。当然可以，但简单的工具是最好的。使用简单的工具，你可以任意规定符号的含义，而且立刻生效，不用等着别人来为你修改软件。软件通常有一些优点，如长期保存、广泛分发、数据运算、多用户同时操作等，但这些好处"活动清单"表格用不着。

索引卡片

"活动清单"表格与"今日待办"表格不一定非要用两张纸。一种替代办法是，为每项活动准备单独的索引卡片。

每次我想到有新的活动要加入"活动清单"，我就取出一张新卡片，然后用黑色毡尖笔在卡片顶端写上活动标题。在标题以下，可以添加简图、电话号码、网站地址或任何与完成该活动有关的信息。这些涂鸦并非必须要有，加上当然更好，但用不着像标题那么突出，所以我用铅笔添加这些额外信息。最后，我预估完成它所要花费的番茄钟数，画上相应数量的小方框。

现在，我的"活动清单"是一叠索引卡片了。一张卡片描述一项活动。每天早晨的计划阶段，我挑出几张卡片。这个选择就是当天的承诺，即我的"今日待办"卡片叠。按照优先次序排列它们，最重要的活动放在最上面。你可以试试我的方法，或者发明一种适合你的方法。

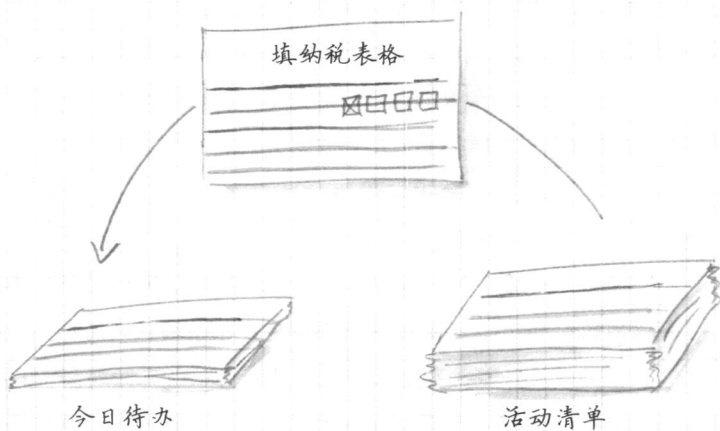

事务番茄钟

刚开始学习使用番茄工作法，简单朴实就是最好的。一段时间后，你可以根据个人情况进行一些优化。比如说，我在一天里要花大量时间来写电子邮件。为了避免每次收到新邮件都会中断我手头的活动，我可以每天分配两个番茄钟来写回信。下面是一些例子。

- 随机应变实例 (1)

  早晨第一个番茄钟，我总是用来回复昨天下班后到今天这段时间收到的新邮件。如果 25 分钟不够，我就不继续回复了，午饭前都不会再做这件事，否则我全天的计划会被打乱。相反，我会在第一个番茄钟 25 分钟写完回信后停下来，午饭回来后再安排另一个番茄钟继续写回信。

- 随机应变实例 (2)

  通常我到达办公室的时间是公司晨会前 45 分钟。于是我自定了一个 40 分钟番茄钟，以便处理每天早晨的事务型工作。固定安排这些早晨进行的活动，避免我在这段时间无所事事。不幸的是，这个 40 分钟番茄钟与其他番茄钟没有可比性，因为其他番茄钟都是 25 分钟的，所以我在记录阶段就不计算这个 40 分钟番茄钟了。

声音和形状

刚开始用番茄工作法的时候，我总觉得咔嗒作响的番茄钟闹心，所以还拿一块布把它盖上了，让声音小点。经过几个月的番茄工作法的实践，我现在听不到咔嗒声反而不能集中精力了。我已经形成了一套专注的条件反射。

一个番茄钟只能控制一个人、一个双人组合，或一次多人会议，不要在多元化的团队里同步使用统一的番茄钟。否则的话，假如某人要作废当前番茄钟，别人怎么办？

可当作番茄钟的计时器多种多样，可针对不同的办公环境。我发现声音、手势和视觉可以带来好处。例如，扭转启动番茄钟能给我一个明确的信号，提升了节奏感和促进了条件反射；倒数计时也是一个好处，因为"还剩多少时间"比"过了多少时间"有趣得多。因地制宜，选用最适合的计时器，可以是厨房定时器、电子计时器、沙漏、手机软件或电脑软件。不过，如果你的番茄钟可以放在桌上，让大家一眼就能看见，它就会提醒你的队友，你正在用番茄工作法，也会让他们更尊重你的时间。要找到专属于你自己的番茄钟样式。可惜番茄的外形无法给我们带来什么特别的好处，但红色很醒目，大家不会对它视而不见！

番茄钟的长短

25 这个数字有什么说法吗？莫非有人研究证明了，25 分钟的专注工作效果最佳？据我所知，没有。我甚至敢肯定地说，不可能有，没有四海皆准的最佳时间长度。决定时间长短的人是你自己。你的工作内容都是什么？你和谁一起工作？你要对他们负什么责任？你是不是累了？今天心情怎么样？

周期越短，完成的次数也越多。如果经常遇到中断，你就应该考虑缩短番茄钟的时长。使用更短的周期，可以在过程中让你更容易集中注意力。周期越长，间歇的次数就越少，另一方面，每次间歇的时间也要相应延长。

每一位番茄工作者都有自由去体验、改进，找到自己的最佳步调。但我强烈建议在一开始使用 25 分钟的时长，而且针对某个固定长度至少要坚持两个星期。频繁修改番茄钟的时长，只会破坏你的节奏。

间歇的长短

在番茄工作法的默认时间表中，每隔三个短休息就要有一个长休息，但不是强制性的，而要根据你的角色和工作内容而定，包括工作场所和个人状态。正在解决复杂问题的人，可能需要休息较长的时间。今天感觉疲劳，也可以成为你延长休息时间的理由。

但如果休息时间过长，就会让你失去节奏，会让每个番茄钟跟从头开始新活动一样。反过来说，如果不肯休息，工作质量就会下降，注意力也会受影响，这些都得你自己在当天补偿。此外，长期休息和短期休息的随意搭配，会让你有点懒得去扭启番茄钟。开始工作的准备时间会增加，这些都与生物节律有关。

休息时间一定要掐表吗？怎么感觉像监狱放风似的？不是的，因为你需要在精神上做好准备，以启动下一个番茄钟。你很难从做白日梦的状态一下子跳回到工作当中。番茄工作法的初学者可能会遇到休息后回来继续工作的问题，那就控制休息的时长，坚持一星期。从更长远的角度看，应当注重节奏。

进度表格

我发现同一项活动总是出现在"今日待办"表格中，却一直没有完成，于是做了另一种形式的"活动清单"表格，称为"进度表格"。

我拿一张 A4 纸，上面有 5 毫米 × 5 毫米的格子，左上角有月份和我的名字。然后我沿着纸的短边，从右到左写下这个月的日期，31，30，29，…，一直到 1，每格写一个数字。这样在左边就有大约 5 厘米的空白。在这里写上所有已知的活动，每个活动占一行。然后我用这张"进度表格"替换掉"活动清单"。它仍然是"活动清单"的思路，只是实现方式不同。那"记录"表格呢？"记录"表格是任意记录我要跟踪的数据使用的，比如打了几次电话。

每天早上，当我选择某项活动并把它填入"今日待办"表格时，也会在"进度表格"相应方格中画一个圈，位置在当天日期那一列，所选择的活动那一行。当天工作结束做每日回顾时，如果某项活动完成了，就在它的圆圈里画一个星星。一段时间后，如果看到很多空圈，就表示我总是高估自己所能兑现的承诺。如果某个活动有许多空圈，则可能需要分解它。

史蒂夫	10 月 2009	1	2	3	4	5	6	7	8	9	10	11	12	13	14	15	16	17	18	19
阅读打包技术文章		✪																		
设计打钩界面							✪	✪												
准备客户会议							○	✪												
填纳税表			✪																	
准备发票		○	○			✪														
寄出发票						✪														
买电脑						✪														
清理白板		✪																		
预备番茄钟说明会							✪	✪												
修复内存溢出故障			○				○	✪												
领达尔文奖			○				○	○												
给比娜打电话					✪															

优先级淘汰赛

如果我不能确定哪些活动应当填入"今日待办"表格，我就会举行一场"优先级淘汰赛"。我会写下参赛选手名单，即所有活动的标题，每项活动一张小纸条。首先不区分重要程度，把所有纸条排成一列。然后将第一项和第二项进行比较。如果今天只能做一件事，我应该做哪件呢？输的一方放到左边，赢的一方拿在手里。

接下来，我从原始列中取出下一张纸条，与刚才比赛的赢家继续比较。如此类推，一场一场比下去。赢家一直在手里，输的放到左边。等到原始列清空，我就有了整个赛季的赢家。最优先的活动是在我手中的那个。

但一天可以做的活动不止一项。于是我从左边的输家列中启动一个新的赛季。最终我所执行的赛季次数多少，要看选出的活动预估番茄钟数之和是否达到我当天能完成的工作量。我将选出的几名"获胜者"填入"今日待办"表格，作为切合实际的承诺。

这招看似平淡无奇，实际上对活动的重要程度两两比较，比在一长串活动中排出优先顺序容易得多。在活动清单中一溜到底凭感觉选出来的活动，跟经过两两比较淘汰选出来的活动通常是不一样的。这里再次利用了人脑工作记忆容量有限的原理。[1]

---

[1] *Manage Your Project Portfolio: Increase Your Capacity and Finish More Projects*（《项目组合管理：提高你的能力完成更多项目》），[Rot09]。

1 号活动

收件箱清零

在分配给其他活动的番茄钟期间，我绝对不会有意无意地看一眼电子邮件收件箱。当我打算阅读电子邮件并采取相应行动时，我会应用"收件箱清零"的原则。戴维·艾伦将这个过程分为三步[1]：

(1) 从顶部开始；

(2) 一次处理一件事；

(3) 不允许将事情放回收件箱。

针对每一封新邮件，我会考虑下一步的行动：如果给出答复所需的时间不超过一分钟，我就会立即答复；如果可以稍后委托他人做，那就立刻进行委托；如果某封邮件需要我亲自处理，但是所需的时间较长，我就不会立即开始，而是将它记入"活动清单"表格，将邮件移入存档文件夹，把这件事从脑子里放下。

如果某项活动我不能马上进行是因为要找其他人获取更多信息，这时，处理方式与委托类似，我会将问题发给那个人，然后将邮件移入存档文件夹。

我每次都问自己，这封电子邮件今后能否对我有所帮助，如果没有，我就立即删掉它。大量不知所谓的电子邮件会导致信息溢出，那些新的、重要的、真正需要行动的邮件会淹没在其中。

---

[1] *Getting Things Done: The Art of Stress-Free Productivity*（《搞定：无压工作的艺术》），[All02]。

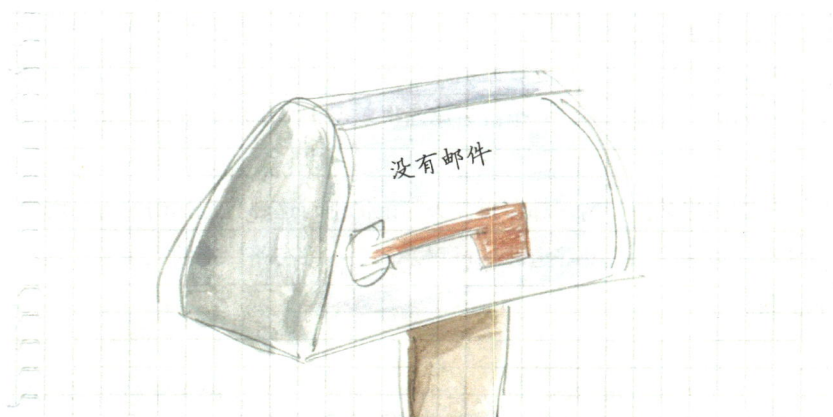

没有邮件

反复回顾

记忆力是可以改善的。东尼·博赞提到："有一套通用方法，那就是学习期之后或事情发生后，在短时间内做一次回顾或复习。一天后再次复习，一周后第三次复习，一个月后第四次复习，半年后第五次复习。"

每次回想某件事情，都会减少头脑记忆中对这部分记忆的阻力。就像在丛林中清除障碍、开辟道路的过程，世上本没有路，走的人多了，也就成了路。

思想在头脑里也需要"出人头地"。和明星一样，曝光次数越多，宣传机会就越多。不断重复一个重要的结论，等到真正用得着时，它就更容易被你想起来。①

---

① *The Mind Map Book*（《思维导图》），[BB96]。

思维导图日记

番茄工作法需要预留一点傍晚的时间做每日回顾。不必花一整个番茄钟来回顾今天和计划明天的工作。在下班前的一点时间，无论够不够一个番茄钟，都可以按照这段时间的长度扭启番茄钟，例如 10 分钟。用这 10 分钟把"今日待办"表格纸翻过来横放，回想一下今天的工作，在走马观花中抓住一点，那就是今天得到的什么知识最有价值？

然后我是这样做的：在纸面中央，我画一个简图代表今天的主题。我今天的主题是什么？我今天跟同事沟通最多的是什么？今天画下最多 × 的活动，它们的关键词是什么？我今天参加的会议有什么主题？我今天有没有使用一些新工具和新方法？有很多的问题和很多可能的答案，我只能选择其中之一作为我今天的主题。我选择脑海中跳出来的第一个念头，它在某些方面非常突出。

然后，我绘制一些彩色的分支、小图标，写下自由联想的内容，形成一张思维导图。番茄钟响铃了，我将这张带着每日思维导图的"今日待办"表格和往常的每日思维导图收在一起。每月一次，在下班前对上个月的一叠思维导图进行回顾，对所收获的知识进行复习。

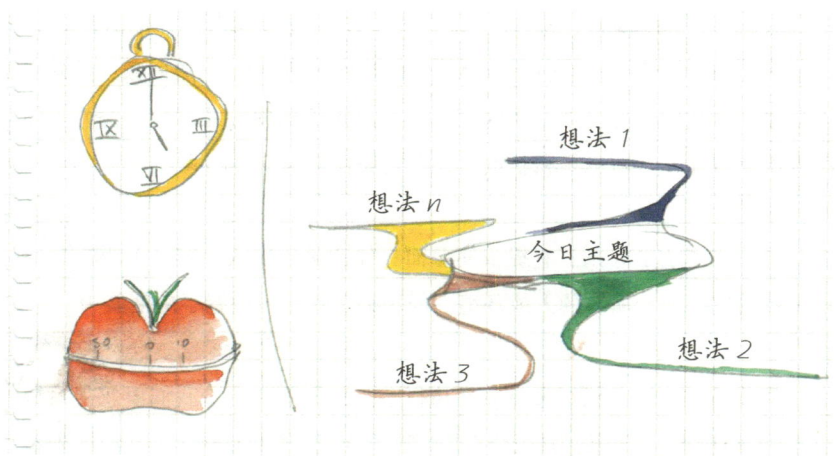

守则和应变

有很多时间管理方法，在一定程度上，它们会推崇同样的方法、技术、工具和理论[①]。它们通过做计划、设定目标、监控、简单回顾、排列优先顺序，帮我们更充分地利用时间，或者更正确地使用注意力。番茄工作法也没有增加什么新工具和新点子，那它凭什么与众不同呢？

番茄工作法是守则。它提供简单而具体的最佳实践，容易上手。这可能意味着它不适合所有的人或环境。但番茄工作法也内置了应变能力。

番茄工作法让我们把重点放在执行上。这可能意味着我们要忽视系统思考和整体性。这就是为什么将类似敏捷开发、GTD 之类的流程纳入番茄工作法好处多多。

番茄工作法只要求我们做些简单的表格。开始所需的只是三张空表格和一个厨房定时器。因为简单所以灵活。如果换成计算机软件，要修改就麻烦了。

[①] *Get Everything Done*（《搞定一切，还有时间玩》），[For00]；*Zen To Done*（《轻松搞定 ZTD：终极简单的效率系统》），[Bab08]；*Getting Things Done: The Art of Stress-Free Productivity*（《搞定：无压工作的艺术》），[All02]；*The Now Habit*（《战胜拖拉》），[Fio07]；*The 7 Habits of Highly Effective People*（《高效能人士的七个习惯》），[Cov94] 是时间管理方法的几个例子。

闻铃色变

所有人都适合用番茄工作法吗？不一定。不过，我建议你在说"不"之前自己先尝试一下。对某些人士来说，我认为番茄工作法对他们大有好处，甚至番茄工作法带来的效果是他们始料未及的。

例如，一个要等待"激情"出现才能做事的人会很排斥番茄工作法。尽管如此，他却是最需要此类方法的人之一。在早晨计划阶段他可以做出承诺，而不是让千头万绪在脑海里盘旋。如果他在"今日待办"表格中分配了优先级，一次只做一件事——最重要的一件事——他的激励感将会更强。如果这还不够，扭启番茄钟的动作可以点燃动力的火焰。这正是他所期待的获得激情的途径。

一个人想要在最佳状态下全速前进，他可能也会拒绝番茄工作法。不过这套流程对他也有帮助。全力以赴不等于全面高产。他很容易陷入琐事之中，在看似非常重要的问题上花越来越多的时间。每半个小时，从工作中跳出来，纵览全局。定期的短暂间歇也会使他保持可持续发展的步伐，而不是一面埋头苦干，一面抵抗越来越多的内部中断。

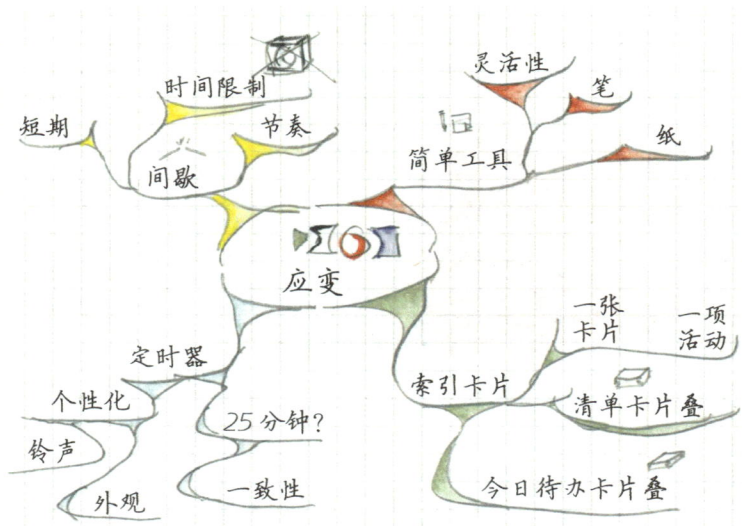

问自己：应变

- 你在哪些事务型工作中使用笔和纸？
- 你上班时在哪个时间段打电话和发电子邮件？
- 你通常多久间歇一次？
- 你什么时候会长时间专注于工作而不休息？
- 你如何在工作中使用索引卡片？

第 7 章

团   队

本书读到这里，我们一直把番茄工作法视为一种针对个人的时间管理方法。但它具有应变能力，用途也不限于孤立的个人。在这一章中，你会看到番茄工作法也适用于协作环境，如双人组合、会议和多人团队。

黄瓜和洋蓟在会议室相遇

洋蓟：昨天开会我试着用了番茄工作法。

黄瓜：怎么用的？

洋蓟：我啊，我启动了一个 25 分钟番茄钟，放在面前，然后就假装闭上了眼睛。

黄瓜：啊……那人家没问你在干什么吗？

洋蓟：问了，我说："现在别理我，没看见吗，我正在番茄钟里呢。"

黄瓜：那会是怎么开的？

洋蓟：我不知道啊。一直等到番茄钟响铃了，我到白板上画了一个大大的×，然后就走了。

黄瓜：这不是真的吧？

洋蓟：逗你玩儿。说实话我真看不出开会怎么用番茄钟，所以我们就是照常开了个会。

黄瓜：有 25 分钟时间、由厨房定时器控制、以时间段为周期，按照这种方式来开会是很理想的。

洋蓟：但是有些场合番茄工作法不适用吧？

黄瓜：有，但是没你想的多。就算没法在某些地方使用番茄工作法，也可以按你的需要跟踪记录它们。

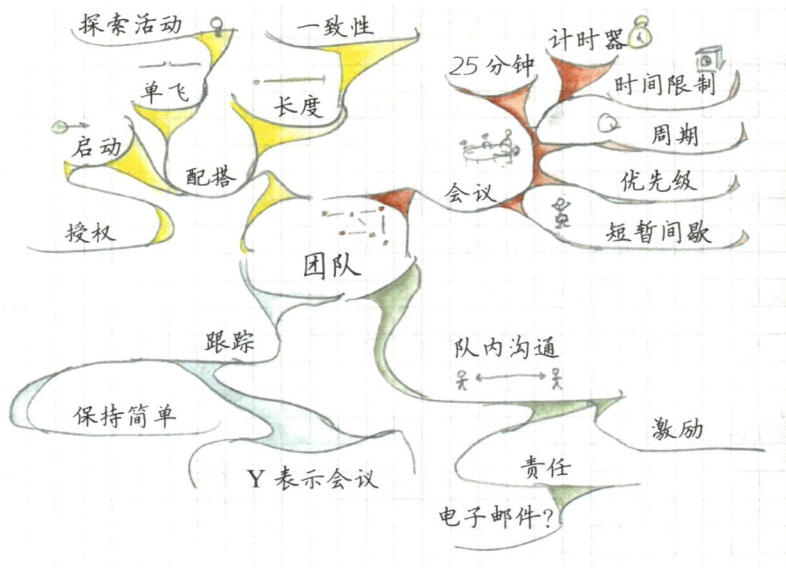

与他人共事

为了促进团队内部沟通，队友之间请教问题可以不计入外部中断。

到这里，我们一直把番茄工作法视为一种针对个人的时间管理方法。但它具有应变能力，用途也不限于孤立的个人。在这一章中，你会看到番茄工作法也适用于协作环境，如双人组合、会议和多人团队。

限制时间的会议

会议是最适合采用番茄工作法的场合之一。在本节我会解释具体做法。用白板列出会议要包括的全部活动或全部预期成果。然后给它们按优先级排序，列出一二三。接下来扭启 25 分钟番茄钟，齐心协力地投入第一项活动。

番茄钟一响铃就立即停止。众所周知，在番茄钟之间总要有短暂的间歇，可能有人去洗手间。间歇之后，可以决定接下来进行哪项活动，然后再次扭启番茄钟。

假如没有间歇，开上一小时的会能让人哈欠连天，很多时候，有人早就开始打盹了。

如果在番茄钟期间，会议议程已经完成，齐心协力试一试过度学习。大家可以回顾成果、尝试改进或者延伸思路，直到番茄钟响铃。

注意，不必要求每位与会成员都是忠实的番茄工作者。如果愿意提高会议效率，他们只需要按照厨房定时器工作即可。

跟踪会议

如果你向公司提议在会议中使用番茄工作法，但石沉大海了，这时要怎么办？如果会议没有按照应有的方式进行，你还会在"今日待办"表格中画下 × 吗？

回答是，这要看你自己如何定义 × 了。每次番茄钟响铃就画一个 × 是跟踪阶段的任务之一。一个简明扼要、不带复杂含义的衡量指标更便于进行跟踪。如果你画的多个 × 的意思是"在办公桌独自工作了 25 分钟"，那会议之后就不应该画 ×。

你自己选择自己的指标。没有说必须跟踪特定的指标，也没处处禁止使用某个指标。我一直在减少指标的数量，以免被事务型工作搞得很累。我选择的每一个指标都是简单的，因为我相信今天对它的记录有助于我找到方法来改进明天的流程。如果我觉得开会得不偿失，那也可以为会议番茄钟画一个 Y，为常规番茄钟画一个 ×。

匹配工作节奏

节奏是番茄工作法的重要一环，它受间歇时间长短的控制。开始新番茄钟之前，需要做好心理准备。一个人用番茄钟的时候，没什么问题。如果没准备好，我不会扭启番茄钟。但是两个人同步使用番茄钟的时候，就得多留神了。两个人必须都准备好才行。这不是你等我或我等你的问题，准备状态是你们自己说了算的。当番茄钟响铃，上一个番茄钟结束，间歇时间开始。这时，你们两人告诉对方：

- 我间歇时做些什么；
- 估计需要多长时间。

对于做些什么，我们并不需要了解得多详细，就算预估时间不准，也没人会惩罚我们。我的搭档可能会说："我得打个电话，大概五分钟。"这样我们一开始就能对间歇时间的长短做到心中有数。

25 分钟　　　25 分钟　　　25 分钟　　　时间

授权番茄钟开始

　　在双人配搭工作中，要扭启番茄钟时，怎样确定搭档已经做完了眼保健操，准备好开始了呢？答案很简单。只有你们两个人都进行授权委托才能开始新番茄钟。如果授权不完整，从休息状态过渡到工作状态是不合理的。这与授权允许银行客户在不同账户之间转账类似。

　　这里的授权可以是正式或非正式的。一种方法是大声问："准备好了吗？"然后等待搭档的积极响应。另一种方法是摆放个人令牌。每个团队成员可以有他的个性化公仔玩具。我喜欢毛绒猎狗。要扭启番茄钟，我和搭档两个人都需要把玩具放到桌面上。当作为休息信号的铃声响起时，玩具就从桌面上拿走。在办公室把玩具摆来摆去觉得丢人？用你的手机当令牌也行。这也是在实践条件反射！

匹配番茄钟长短

在双人配搭工作中，番茄钟周期应该延长还是缩短呢？都不要。首先在至少一星期内，使用 25 分钟时长。如果感觉太短或太长，可以尝试另一种时长，至少用一个星期。

短番茄钟更多产生的是流程形式，而不是实际的工作成果。长番茄钟难以保证我们一直专心，也很难把一天分成几个小的阶段。番茄钟太长的话，两人之间要沟通就费劲了。另外，闲扯也要花时间，重点仍然在于在每个番茄钟积累一定的工作成果。

再次强调的是，不要频繁改变番茄钟时长，否则番茄钟数就不能作为用功的指标了。如果在周一用 25 分钟番茄钟，周二用 40 分钟番茄钟，周三又用 20 分钟番茄钟，那如何比较每天所下的功夫呢？ 25 这个数字不是尚方宝剑，但至少要尝试两个星期。如果你不满意，可以换另一种时长，至少用一个星期。

临时单飞

有时项目进展到了一定程度后，新任务更多具有调查研究的性质，而不是一般的合作建设任务。这时临时将番茄钟配对拆开会更好做事。"我找这个，你找那个，下个番茄钟后的间歇时间我们碰一下。"如果你们想要稍后继续配搭，那么独立工作期间仍然要保持同步。

假设我们已经分好了活，正在各自忙碌，这时我的搭档需要多停顿一段时间，比如去开个35分钟的会。他告诉我的时候，我问他，我是否可以独自工作一个番茄钟来继续我们的联合任务。如果这个任务没法一个人单独做，我就只好做一些自己的其他任务，直到搭档回来。

有时候拆开配搭，各自独立工作一个番茄钟，更容易站在不同的角度观察问题。我们单飞，各自收集灵感。番茄钟响铃后，休息一小会儿，然后到一起对新成果进行沟通。

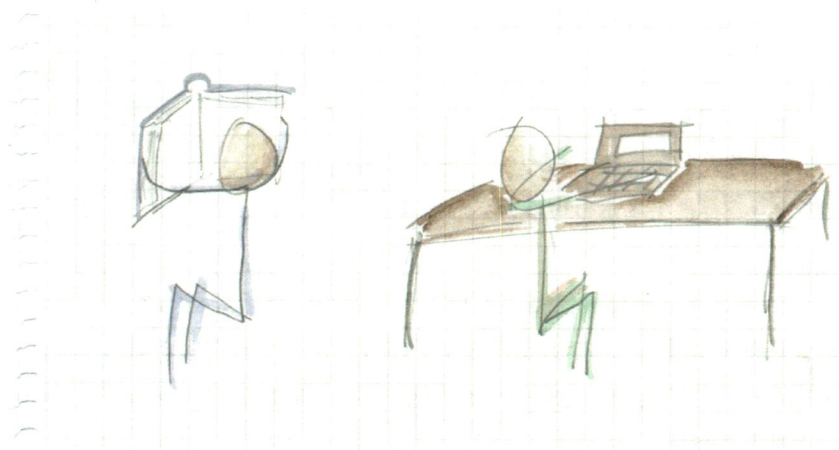

跟踪工作配搭

关于流程指标，有几条不成文的事实：

- 你需要采集大量的样本，才能得出结论；
- 不要拿苹果与梨相比；
- 指标很少显示出由好变坏的情况。

如果每天早晨你的搭档都要换人，那么很难比较周一与老王共事的 5 个番茄钟和周二与小李共事的 8 个番茄钟。老王可能有这个项目所需的关键知识，因此他得多花时间帮助其他同事。最有用的指标是与长期搭档共事期间的指标。

但也不要卷入细节。即使与不同搭档合作所产生的数据并不理想，它也算一种反馈。频繁变换工作搭档确实会产生误差。但是从长远来看，这种误差应该能够自我抵消。

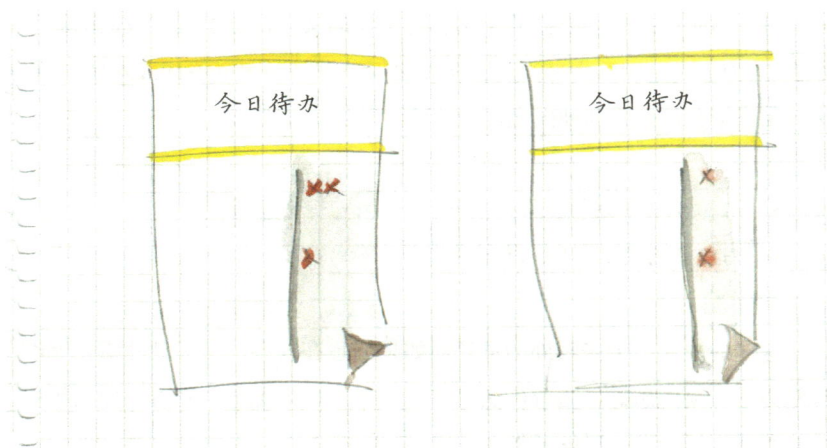

团队文化

每个团队都得确立自己的文化。这里说的文化，意思是"我们的做事方法"。为了促进团队内部沟通，队友之间请教问题可以不计入外部中断。这就相当于在每个番茄钟内允许做两项活动：

- 从"今日待办"表格上选取的活动；
- 与工作有关的团队内部沟通。

这样的协定会带来额外的责任。如果你想在同事的番茄钟咔嗒作响时与他沟通，要先想好，是否确实着急要答案。如果不急，则可以使用异步通信通道，例如发一封电子邮件或递一张纸条。

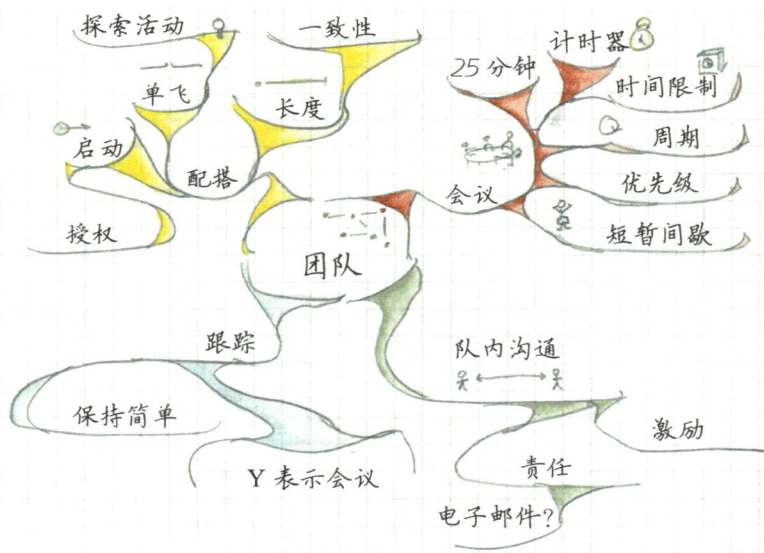

问自己：团队

- 你们开会用多长时间？

- 在两人配搭工作期间，你们多久间歇一次？

- 在团队协同工作期间，你们多久间歇一次？

- 哪些类型的工作不适合两人配搭完成？

- 即使有人没准备好，你们的会议仍然会开始吗？

写在最后

　　我的作画用纸是一本 A6 大小、顶部翻页的 80 页活页本，易达（Esselte）出品，有北欧天鹅环保标志，采用 60 克无木浆纸，上面印有 5×5 毫米的方格。

　　我作画用的笔是比克（BIC）出品的"马蒂奇握"自动铅笔，笔芯是 0.7mm HB；填彩色用的颜料是 Color & Co 出品的绘画套装，内有 6 块 2 号尺寸（直径 57 毫米，高 19 毫米）广告色颜料：金黄、洋红、深蓝、亮绿、黑和白；画好后，用一台惠普 Photosmart 1200 照片扫描仪以 300dpi 分辨率、24 位彩色扫描画稿。

　　活页本、自动铅笔、彩色颜料和照片扫描仪都不贵，操作也简单。我深信，内容、思想及阐述的方式，远比工具的昂贵精美来得重要。

图灵社区专访史蒂夫·诺特伯格

《番茄工作法图解：简单易行的时间管理方法》（2011 年版本）一书在国内出版后，深受读者喜爱，曾获得新浪网、CSDN 等网站年度商业图书多项提名。在该书中文版面世一周年之际，图灵社区通过电子邮件采访了该书的作者史蒂夫·诺特伯格，请他谈谈时间管理方面的心得体会。令人惊喜的是，史蒂夫收到邮件后，把访谈这项事务分解成 10 项任务，并做出承诺，会单独回复每个问题。真不愧是番茄工作法的实践者！此次出版，编者精编了其中 9 组问答，以飨读者。

第一天：专心

图灵社区：本书开篇就讲了，你发现坐公共汽车时最能集中注意力读书，你是如何从这个发现领悟到番茄工作法的？要知道，大家都会遇到问题，却不一定能找到答案。

史蒂夫：如果在做一件事的时间内能取得额外的收获，人们会很开心。通常在解决问题的时候，我有一套学问：先分析当前的状态，然后制订方法改善当前的状态，接着进行实践，如果成功，则把实践过程标准化。

在你提到的例子中，我只是观察到，在早晨乘坐公共汽车的 25 分钟内，自己可以集中精力读书。经过深入思考，我意识到那些最频繁的中断都源于头脑自己在溜号，它总想从聚焦模式切换到概览模式[①]，即总是想重新评估一下，自己是不是该停下手中的事情去做点别的。

概览模式和聚焦模式是互斥的，所以概览模式总是会打乱注意力。为了避免溜号，你必须按照计划完成当前的任务。在公共汽车上，我知道自己除了读书不能做其他事，所以，在这一特定场合，我很容易做到按计划阅读。

另外，我认为一段有限的时间（在这里是 25 分钟）可以让头脑坚定不移地执行计划。时间盒和结束信号（车要到站了）也会帮助你从"千万次的问"中解脱出来，不再彷徨到底要不要做某件事。最后，相同时长的迭代，经过多次重复，就会成为一种习惯，一段时间以后，头脑会自动契合这种节拍。

第二天：对比

图灵社区： 能不能说说番茄工作法对你个人的影响呢？

史蒂夫： 番茄工作法的思路和实践方式并不新鲜，但在时间管理（我更喜欢称之为"注意力管理"）之林中，番茄工作法的优越之处在于简单易行。

---

① 作者在这里用了不同的词语。对照原书，聚焦模式＝心流状态＝全力以赴具体工作；概览模式＝全局观状态＝区分事情的轻重缓急。

我曾经用过 GTD（Getting Things Done，尽管去做）、Franklin-Covey 等时间管理方法[①]。和许多人一样，我会对方法进行调整，根据个人情况做出取舍。这些方法都高瞻远瞩地教育人们，别光低头干活，还要抬头看路，对长期项目进行优先级评估。但如果使用不当，这些方法也会让事情变得过于复杂，难以推进。

对我而言，分享番茄工作法的经验简直易如反掌。像大多数人一样，我努力去完成当天必须完成的事。番茄工作法帮助我开始工作，帮助我保持以可持续的步伐前进，它还帮助我每半小时有一个时间点来做出决策。

第三天：科学

图灵社区： 从为什么要用番茄工作法到如何实践它，你都会先介绍一些心理学或社会学理念来帮助读者理解，请问这些内容你是怎么了解的呢？又是怎么将这些知识与番茄工作法结合起来的？

史蒂夫： 没读过《番茄工作法图解：简单易行的时间管理方法》这本书的朋友可能会问："番茄工作法这么简单，你怎么能把它写成一本书呢？"我的回答是："总体来说，这是本关于注意力管理的书，而'番茄工作法'只是用来管理注意力的一款工具。"

作为一名知识工人（码农），我对时间管理的兴趣由来已久。我读了很多书，学了很多广为人知的流程方法。多数的书本会

---

① 从另一个角度，译者个人建议，如果读者是初次接触时间管理，可以在番茄工作法的基础上了解一些 GTD 知识，非常有用。如果对作者提到的两个方法感兴趣，可以参阅参考书目中的《尽管去做：无压工作的艺术》和《高效能人士的 7 个习惯》。

告诉读者，怎样做、何时做，以及做什么——但不讨论这样做的原因。

科普图书和杂志可以从零开始帮我们弄清楚"为什么"。我很喜欢《科学美国人 Mind》(*Scientific American Mind*)[①] 杂志，其中的文章会注明参考资料，供读者详细了解相关的基础研究。我也读了很多关于大脑的书。

在酝酿这本书的日子里，我做过多次关于番茄工作法的主题演讲。演讲安排了互动环节，以跟踪听众的领会程度。大家提的一些问题很有趣，我也试着找寻其中的科学动机，或者至少找出相关解释。例如，一夜好睡之后更容易做出清醒的决定是真的吗？为什么？

我希望让这些故事读起来浅显易懂，对每个人都有用。有人说："时间管理对别人有用，对我没用。"别太早下结论，你可以了解一下，亲自试试。假如这本书能够成为日常经验和科学理论之间的纽带，我将不胜欣慰。

第四天：规划

图灵社区：番茄工作法能帮大家从"必须做完"调整为"迈出一小步"。但对于新手来说，任务的排序和分解始终是开始时的难点。举个例子，如果我想通过阅读一本技术书来学习一门新的编程语言，该怎么用番茄工作法来规划呢？

---

① 《科学美国人 Mind》双月刊是《科学美国人》(*Scientific American*) 关于脑科学、神经科学和心理学的特别分刊。创刊于 2004 年。

史蒂夫： 重要的是把短期目标和长期目标区分开来。对于短期目标，应当细致地对它进行分解，以便弄清楚为了实现目标需要经过哪些步骤，而对长期目标进行分解就有点画蛇添足了。毕竟大江东去浪淘尽，我还在追着我的梦，世界早已悄悄改变了。

如果你预估实现一个短期目标要花费超过半天的时间，那说明这个目标分解得不够细。有时候我们以为分得够细，没法再分解了，然而一旦开始做，奇迹就会出现。通常根据我的经验，可以问问自己：要完成这项活动，我会先做什么？如果你想读一本书，首要任务可能是快速浏览一下目录，接着第二项任务是阅读第一章，第三项任务可能是做第一章后面的练习。读完整本书则是一个长期目标。

另外，还要区分经常性活动和一次性活动。如果你每天都读书（不光是读我的书），那么读书就是一项经常性活动。在《番茄工作法图解：简单易行的时间管理方法》中有一节讲的就是这个。马克·佛斯特（Mark Forster）[1]的"自动对焦"（autofocus）方法可以帮我们在新活动、旧活动、经常性活动和未完成活动之间进行周转。我觉得这套方法还需要调整，但点子很有趣，而且我觉得他抓住了问题的关键。

在无法精确预估时间的时候，我会借助一些度量指标。比如读一本书，可以在封面内侧画一张燃尽图[2]（Scrum 工具）。X 轴是还没读的页数，Y 轴是以天为单位的时间，或者是花费的 25

[1] 马克·佛斯特是《搞定一切，还有时间玩》（Get Everything Done）等多本时间管理图书的作者。对文中提到的"自动聚焦"感兴趣的读者可阅读该作者的相关图书。

[2] 在敏捷开发的 Scrum 流程中，燃尽图（burn down chart）是一个公开展示的图表，显示当前冲刺中未完成的任务数目或在冲刺订单上未完成的订单项的数目。

分钟迭代数，即番茄钟数。在第一种情况下，我可以推断我哪天能读完整本书；在第二种情况下，我可以看到读完整本书还需多少个番茄钟。

第五天：间歇

图灵社区： 在番茄钟的间歇时间内是不允许思考工作的，也不能处理重要的电话和电子邮件。原来间歇时间也要做到专注，实现高质量的放松，但有许多诱惑和干扰会使我们分心。请问你是怎样控制自己的呢？另外，你的书中提到了借助"多阶段睡眠"法来训练身体在短时间内进入深度放松状态，从而达到事半功倍的休息效果，你亲身实践了吗？效果怎么样？

史蒂夫： 在《番茄工作法图解：简单易行的时间管理方法》中，有一篇来自伦佐·布加迪的特约文章，其中介绍了多阶段睡眠。看着挺有意思，但我自己还没试过。像这样刻意让大脑休息和充电，可能会获得比较好的效果。

我的方法是尽量放下执念。间歇时间一开始，我就会离开座位。然后可能会看看窗外，去冲一杯咖啡，或者在办公室溜达一分钟。间歇时所做的事应该与番茄钟内所做的事完全不同，即不要再用我的大脑解决问题。

有时一件事突然来了，让你来不及排优先级就急着想转去做它。要远离这种诱惑。最好的办法是把它写在你的"计划外紧急"清单内。我想紧迫感有一半是因为担心——如果不立即做，怕把它给忘了。

第六天：幽默

图灵社区：这本书里有一些很搞笑的场景，比如你喜欢通过各种想象来切换自己的状态：戴上小丑帽就要休息；戴上狮子帽就要努力干活，狩猎羚羊；戴上王冠就要像国王一样纵观全局，运筹帷幄。作为一名读者，我在想象这幅画面的时候笑得不行。书里还有很多幽默之处。你怎么这么有幽默感，幽默可以学习吗？

史蒂夫：在 20 世纪 90 年代后期，以色列研究机构安排了 101 名女教师接受为期 20 小时的幽默培训。培训后同事互评，无论与培训之前相比，还是与对照组相比，这些教师的搞笑能力都提升了。所以幽默肯定有秘技可学。

不过，我相信每个人都有幽默感，只是各自的笑点不一样。如果我觉得某人无聊，那只是因为我对他的笑点没有产生共鸣。有些人说的笑话过于精妙，效果就是很冷。对此我有充分的证据——你想，即使是周星驰那样的喜剧之王，也不是谁都爱看。

第七天：图解

图灵社区：番茄工作法里的每日回顾对你来说，其实是用思维导图来记日记，这本书每页也都有你自己画的插图。你怎么看待这种用绘图来记录和阐述思想的方式呢？

史蒂夫：我最有动力回答的就是这条。目前我正在写一本书，内容是通过视觉来解决问题。新书的书名暂定为《A6 方格本》（*Squared A6*）。在我看来，对逻辑思维、创造性思维和思想沟通而言，手绘说明和图解表达的作用被大大低估了。大家通常认为拿纸笔画画需要相当专业的技法，而自己并不具备这样的能力。但我认为，这只是一种工作方法，我们不要把它与艺术天赋混淆了。希望我的新书能帮助大家体会到通过视觉解决问题的方便之处。鉴于《番茄工作法图解：简单易行的时间管理方法》此前获得了始料未及的好评，我在想，如果图灵能将我的《A6方格本》在中国出版，我会何等开心。

第八天：孩子

图灵社区： 孩子的教育对于所有的父母来说都是一件大事，你曾提到你把番茄工作法教给了自己的孩子，能否介绍一些心得体会及注意事项？

史蒂夫： 我的方法是这样的。我会说："试试看，先做五分钟——我们要启动番茄钟了哦！"当感觉到孩子眼前的主要障碍是无法开始做一件事时，我就会采用这个方法。孩子要做家庭作业、要整理房间，或者仅仅是对一件事感到无聊，针对这些情况我都尝试过使用该方法，结果很有意思。

对孩子们来说，不管什么事，只要一上手，通常可以做很久。但那一点点作业，他们却不愿意马上做，总是拖几小时。现在好了，一旦扭启番茄钟，他们几乎停不下来。孩子的年龄在四岁到十二岁不等。

要明确的一点是，必须让孩子自己决定是否参与到此类过程中来。大人和孩子需要互相尊重，如果孩子不想这样，切勿强求。

第九天：效能

图灵社区： 最后一个问题。你是瑞典人，番茄工作法的发明人富兰思·齐罗是意大利人，在工作、生活的节奏上，不同的国家差别还是很大的。在中国，职场人士普遍面临时间压力，我们喜欢你的书，因为你用妙趣横生的方式来探讨时间的问题，让人感觉轻松。但是回到工作中，我们又要紧张了。甚至有朋友说，他太忙了，没有时间学习番茄工作法。能不能结合你的经历谈谈，什么是高效率的人？什么是有价值的生活？

史蒂夫： 人各有志，项目多样，企业文化更是百花齐放。当然还有你说的，一方水土养一方人。然而随着全球化的加快和互联网的应用，地区差异正在缩小。比起一百年前的瑞典和中国，今天的我和中国人有更多的共同点。

时间管理是普适型的观念，在世界各地的职场都有用。对于工作压力大、面临最后期限、感觉自己做事没有条理的人，时间管理的价值更大。我们都怕犯错误，怕不能按时完成工作，怕受到批评。那么，如果有一套透明的系统来明确优先次序，并且能让我们认识到哪里出现中断干扰，我们就能稳步推进工作，做起事来气定神闲。

在英语中，效率（efficiency）和效能（effectiveness）是不一样的。有效率的人，浪费的时间和精力最少。有效能的人，能够产出预期的结果。时间管理可能无法帮助你提高效率，但它可以帮助你完成最重要的事——变得更有效能。如果你火力全开，生产出一堆东西，但没有人需要你的产品，那就是一种浪费。通过不断获取新知，不断对时间管理方法进行实践并自我观察，我们可以变得更加卓有成效。这是一项投资，会有很高的回报。

"休息"和"间歇"有何区别

2009 年年底，拖延症晚期的我，在英文博客偶然发现 Pomodoro Technique（番茄工作法）。文章读到一半，我就开始了第一个 25 分钟来学习这个方法，此后一发不可收。在一个接一个的 25 分钟里，我打败了拖延症，解决了效率难题，还把这个方法译成了"番茄工作法"。我发现，以前所谓的时间管理方法都只是在让我们做选择，而只有这个小小的闹钟是真的在"管理时间"，咔嗒咔嗒的声音，激发了真正的执行力。

此后，"25 分钟专注，5 分钟休息"就伴随着我的所有工作，包括《番茄工作法图解：简单易行的时间管理方法》《单核工作法图解：事多到事少，拖延变高效》的翻译工作，图灵社区网站作译编者系统、电子书系统的前端开发，以及"大胖番茄钟"抖音号、公众号的内容输出。在十多年的时间里，《番茄工作法图解：简单易行的时间管理方法》持续畅销，我也与这本书一起成长，见证了番茄工作法帮助人们完成学业、改善亲子关系、攻关创业项目、突破职场进阶。在我看来，番茄工作法的流行，是中国这十年高速发展的必然。在彻夜不眠的写字楼，疲于"996""007"的人们除了需要精神鼓舞和物质刺激，更需要实实在在的工具来应对每天的挑战。

我们，可能是一个不懂得休息的民族。

从第一天推广番茄工作法，就有读者问："大胖，你是怎么休息的？"也有人说不知道休息时该干什么，不休息行不行。而我的回答也很制式，"休息就是什么也不做""完全由你自己掌握，可以跳过休息直接开始下一个番茄钟，直到你觉得累了，再休息 5 分钟"。

于是，真的有读者连干十几个番茄钟，对此我表示赞赏，因为我自己当年翻译《番茄工作法图解：简单易行的时间管理方法》的关键时刻也是这样的。最多时一天连续 33 个番茄钟，中间除了吃饭几乎不休息，不过换来的是第二天狂睡一天。平均算来，也不过是每天 16.5 个番茄钟而已。

很多年以后的 2020 年，我忽然醒了："休息"这个译法，不够准确。

看英文版番茄工作法规则，5 分钟的时间叫 break，而不是 rest。break 意味着暂时中断，是流程控制中的一步，是为了下一步更好地继续，break 的前后都有工作；而 rest 是把事情做完了，今天不做了，是没有时间限制的放松。

工业革命以来，人们成群结队进入工厂，每天从早到晚高强度工作，这种工作方式极不人道，而且资方也慢慢发现，工作时间延长到一定程度，就会严重损害生产效率和产品质量。从 20 世纪初开始，车间里为工人提供 tea break，在漫长的上午和下午，安排固定时间让工人喝口咖啡，缓口气。实践证明，break 反而会使产能更稳定。"8 小时工作制"自此广泛流行。

在工作日，不管多忙碌，固定安排 10 分钟左右的小憩时间，早已成为外企职场文化的一部分。为了给国内读者解释这个问题，我用足球、篮球的中场休息来进行解释，也用下课铃响离开课桌来解释，但每次一提"休息"，大家想到的，还是完全放松——不行不行，番茄工作法告诉我休息，但是工作还没做完啊！

于是，我向出版社提交了十年来最重大的翻译调整——把"5 分钟休息"改为"5 分钟间歇"。这个修改是认真的。

在十年前的首版译稿中，我对每个规则与术语都反复推敲，对照原文语境，适配各种应用场景，尽量接近中文读者的习惯。感谢人民邮电出版社的认真把关，以及编辑老师高度负责，《番茄工作法图解：简单易行的时间管理方法》自发售以来，还没有收到读者的重大勘误意见。

也许有人说，"休息"在语义上已经 90% 接近作者的意图，而且是常用词，读起来更顺。毕竟市面上的各种图书、手账、闹钟工具，都已经按"休息"做出来了，何必要改呢？

但正如我前面所讲的那样，我们可能——不，我们确实是一个不懂得休息的民族。我们以休息为无能、懒惰，甚至落后、挨打之举。特别在一二线城市的职场人群中，很少有人会把休息当作调整工作节奏的手段。至于坚持休息成为习惯，进而推广这种习惯的人，反而要面对周围巨大的阻力。身处内卷忙碌的"搞钱时代"，面对加班已成常态的情形，出版物为"休息"正名，是一种社会责任。

"间歇"读起来不如"休息"顺，但其实"专注"最早也不是俗词，它随着番茄工作法流行的十年，随着心流成为大众的追求，逐步化身为中文的日常语言，就像郭德纲说的，脸熟是一宝。"间歇"与"专注"其实更搭，二者都是略带疏离感的词语，更容易提醒我们遵守规则。从 2020 年起，我已经在课程中使用"间歇"代替"休息"。实践证明，学员接受度更高，也不会再纠结"这 5 分钟做什么"。

"25 分钟专注，5 分钟间歇"，保持节奏，稳定输出，间歇是为了下一个开始。

在课堂上，我甚至给学员编了口诀，叫"手离心不离"，你的心可以仍然牵挂刚刚的未解难题，但请让双手离开工作，身体离开工位，做做伸展运动，深呼吸，眼睛看向远方的绿色，对邻桌同事抛个媚眼。坚持"专注—间歇"的节奏，长此以往，你自己的精力、视力、腰椎、颈椎、手腕，都会"感谢"你。

在《番茄工作法图解：简单易行的时间管理方法（50 万册纪念版）》出版之际，我写下这份说明，隆重纪念番茄工作法陪国人走入第 12 年。希望从"休息"到"间歇"这一译法的改进，可以推动中文世界的番茄实践更精准贴近原版规则，帮助我们更有效、更聪明地工作，迎接美好的未来。

大胖

致谢

感谢 Tindersticks 乐队 1997 年的专辑 *Curtains*，还有 Mercan Dede 2003 年的专辑 *Su*。写作本书的时候他们的音乐一直陪着我。

感谢发明番茄工作法的弗朗西斯科·西里洛。番茄工作法的版权和商标为弗朗西斯科·西里洛所有，需要得到他的许可才能使用。感谢弗朗西斯科·西里洛为本书作序。

感谢 Vicente Ayestarán、Patrick Baumgartner、Simon Baker、Chris Beams、Isidor Behrens、Renzo Borgatti、Hans Brattberg、Daniel Brolund、Tommy Bryntse、Pascal Van Cauwenberghe、Mikael Dahlke、Brian Di Croce、Karl Dickson、Åsa Dickson、Ola Ellnestam、Dan Fernandez、Sebastian Ganslandt、Robert Ginsberg、Tormod Halvorsen、Chris Hedgate、Mats Henricson、Joakim Holm、Peter Hultgren、César Idrovo、Bent Jensen、Joakim Karlsson、Dave Klein、Pekka Klärck、Lasse Koskela、Jeff Kwak、Melanie Langenhan、Andreas Larsson、Eric Lefevre、Ralf Lippold、Brian McKeough、Karl Métivier、Gustaf

Nilsson Kotte、Anders Nilsson、Michael Nilsson、Thomas Nilsson、Viktor Nordling、Lena Norman、Bernard Notarianni、Jack Nutting、Joakim Ohlrogge、Jelena Vencl Ohlrogge、Libin Pan、Tomas Rahkonen、Johanna Rothman、Magnus Rydin、Johan Rylander、Måns Sandström、Kevin E. Schlabach、Peter Sönnergren、Antonio Terreno、Thomas Thyberg、Portia Tung、Jacques Turbé、Kevin Walton、Tsutomu Yasui 和 Jason Yip 对书稿的精心审阅。

感谢 Daniel H Steinberg、Steve Peter、Kim Wimpsett、Janet Furlow，以及 Pragmatic Bookshelf 出版社其他同仁的辛勤耕耘，将我的手稿编印成书。

无限感谢瑞典 AIK 足球俱乐部：永远陪伴你，永远关注你。

参考书目

[AK53]   Eugéne Aserinsky, Nathaniel Kleitman. Regularly occurring periods of eye motility, and concomitant phenomena, during sleep[J]. Science, 1953, 104(18)(3062): 273–274.

[All02]   [美] 戴维·艾伦 . 搞定：无压工作的艺术 [M]. 张静 , 译 . 北京：中信出版社 , 2003.

[Bab08]   [美] 里奥·巴伯塔 . 轻松搞定 ZTD：终极简单的效率系统 [M/OL]. 白果 , 译 . 杭州：浙江出版集团数字传媒有限公司，2017.

[Bad66]   Alan Baddeley. Short-term memory for word sequences as a function of acoustic, semantic and formal similarity[J]. Quarterly Journal of Experimental Psychology, 1966.

[BB96]   [英] 东尼·博赞 , [英] 巴利·博赞 . 思维导图 [M]. 叶刚 , 译 . 北京：中信出版社 , 2009.

[Bec00]   [美] 肯特·贝克 . 解析极限编程：拥抱变化 [M]. 唐东铭 , 译 . 北京：人民邮电出版社 , 2002.

[Bra08]   Nicole Branan. Go ahead, Change Your Mind[J]. Scientific American Mind, 2008, 19:5.

[Buz03]   Tony Buzan. Brain Child[M]. London: Thorsons, 2003.

[Cir]   [意] 弗朗西斯科·西里洛 . 番茄工作法 [M]. 廖梦骅 , 译 . 北京：北京联合出版社，2019.

[Cov94]　　[美] 史蒂芬・柯维 . 高效能人士的七个习惯 [M]. 高新勇，王亦兵，葛雪蕾，译 . 北京：中国青年出版社，2018.

[Csi02]　　[美] 米哈里・契克森米哈赖 . 心流：最优体验心理学 [M]. 张定绮，译 . 北京：中信出版社，2017.

[EHP+07]　Jeffrey M. Ellenbogen, Peter T. Hu, Jessica D. Payne, Debra Titone, Matthew P. Walker. Human relational memory requires time and sleep[J]. Proceedings of the National Academy of Sciences of the United States of America, 2007, 104(18).

[Fio07]　　[美] 尼尔・菲奥里 . 战胜拖拉 [M]. 张心琴，译 . 北京：东方出版社，2008.

[For00]　　[英] 马克・佛斯特 . 搞定一切，还有时间玩 [M]. 郑文琦，译 . 台北：方智出版社，2005.

[Fre80]　　[奥] 西格蒙德・弗洛伊德 . 梦的解析 [M]. 亦言，译 . 北京：中国友谊出版公司，2022.

[Gla06]　　[加] 马尔科姆・格拉德威尔 . 眨眼之间：不假思索的决断力 [M]. 靳婷婷，译 . 北京：中信出版社，2011.

[Gla08]　　[加] 马尔科姆・格拉德威尔 . 异类：不一样的成功启示录 [M]. 苗飞，译 . 北京：中信出版社，2009.

[Gol04]　　[以] 艾利・高德拉特，[美] 杰夫・科克斯 . 目标：简单而有效的常识管理 [M]. 齐若兰，译 . 北京：电子工业出版社，2006.

[Ing01]　　David H. Ingvar. Hjärnans futurum[M]. Stockholm: Robinson Publishing, 2001.

[Jö5]　　　Bodil Jönsson. Ten Thoughts About Time. Robinson Publishing[M]. London: Constable & Robinson, 2005.

[Kli08]   [瑞典] 托克尔·克林贝里 . 超负荷的大脑：信息过载与工作记忆的极限 [M]. 周建国，周东译 . 上海：上海科技教育出版社，2016.

[Lin08]   Joakim Lindström. Hjärnkoll[M]. Stockholm: Bonnier Carlsen, 2008.

[Mor98]   Hans Moravec. When will computer hardware match the human brain?[J]. Journal of Transhumanism, 1998.

[Rev]   William Reville. What autism tells us about development of savant skills.

[Rot09]   Johanna Rothman. Manage Your Project Portfolio: Increase Your Capacity and Finish More Projects[M]. Raleigh: Pragmatic Bookshelf, 2009.

[Sch04]   [美] 肯·施瓦伯 . Scrum 敏捷项目管理 [M]. 李国彪，译 . 北京：清华大学出版社 , 2007.

[Sch05]   [美] 巴里·施瓦茨 . 选择的悖论：用心理学解读人的经济行为 [M]. 杭州：浙江人民出版社，2013.

[Sco08]   Andrew Scotchmer. 5s Kaizen in 90 Minutes[M]. Cirencester: Management Books 2000, 2008.

[Sen90]   [美] 彼得·圣吉 . 第五项修炼：学习型组织的艺术与实践 [M]. 张成林，译 . 北京：中信出版社 , 2009.

[Sur05]   [美] 詹姆斯·索罗维基 . 群体的智慧：如何做出最聪明的决策 [M]. 王宝泉，译 . 北京：中信出版社 , 2010.

[Tam06]   [英] 丹尼尔·塔米特 . 星期三是蓝色的：一个自闭症天才的多彩幸福人生 [M]. 欧冶，译 . 沈阳：万卷出版公司，2011.